Guía definitiva del mal de ojo

BEGOÑA BENEITO ESQUINAS

Guía definitiva del mal de ojo

¿Y si las miradas mataran? Historia, conocimiento, amuletos, testimonios y sabiduría interior

© Begoña Beneito Esquinas, 2021
© Arcopress, S. L., 2021

Primera edición: marzo de 2021

Reservados todos los derechos. «No está permitida la reproducción total o parcial de este libro, ni su tratamiento informático, ni la transmisión de ninguna forma o por cualquier medio, ya sea mecánico, electrónico, por fotocopia, por registro u otros métodos, sin el permiso previo y por escrito de los titulares del copyright».

Editorial Arcopress • Enigma
Directora editorial: Emma Nogueiro
Corrección y maquetación: Rebeca Rueda
Portada: Teresa Sánchez Ocaña

Imprime: Kadmos
ISBN: 978-84-16002-83-2
Depósito Legal: CO-104-2021
Hecho e impreso en España - *Made and printed in Spain*

A todos los ojos del mundo, que son las ventanas de la luz de la vida.
A todas las miradas que miran limpiamente.
A todos los invidentes que poseen la luz de la mirada en su alma.

ÍNDICE

INTRODUCCIÓN 11

1. LA MIRADA MALIGNA 17
    Historia del mal de ojo en las diferentes culturas 20
    El Próximo Oriente 23
    El antiguo Egipto 25
    La antigua Grecia 31
    Tradiciones hebraicas y mal de ojo: *Ain Hara* («ojo del malvado») 38
    La antigua Roma 43
    El mundo medieval y la Iglesia 48

2. ¿ES REAL EL MAL DE OJO? 55
    ¿Cómo enfrentarnos a este mal? 58
    ¿Cómo son los aojadores? 59
    El hechizo de la luna 63
    ¿Por qué se tiene mal de ojo? ¿Solo lo padece aquel que cree en él? 65
    ¿Qué dice la ciencia? 71
    Los ojos. Las ventanas del alma 74
    La influencia de los ojos en las frases 78
    El poder de la envidia en el siglo XXI 80

3. AMULETOS 93
    El hilo rojo 96
    Piedra *nazar bockuk*. El ojo turco 100
    El Udyat 103

El dios Bes 107
El anillo atlante 110
El amuleto de la higa 112
La Mano de Fátima o Hamsa 115
La Cruz de Caravaca 119
Cornicello 122
Otros objetos apotropaicos a tener en cuenta 124

4. PREGUNTAS MÁS FRECUENTES 149

5. TESTIMONIOS 173

6. EL MAL DE OJO DESDE LA SABIDURÍA
DEL CORAZÓN 185

EPÍLOGO 219

Agradecimientos 221

INTRODUCCIÓN

Desde tiempos inmemorables el calificativo de «mal de ojo» ha perturbado a las comunidades, a los pueblos y gentes. La profunda inquietud del ser humano siempre lo ha llevado a querer conocer por qué las personas sufren ciertas dolencias que les impiden estar bien en su día a día; de hecho, en todas las culturas se ha temido a la enfermedad y a este mal que, por supuesto, arrasaba con la salud de personas, animales e incluso de cosechas, y que pocos individuos podían subsanar. Solo chamanes, curanderos, gente con poderes psíquicos, ocultistas, magos... poseían la fórmula para cortar los ruines aojamientos.

Según se cree, y según la tradición popular que ha llegado hasta nuestros días, el efecto de la envidia o incluso de «admiración excesiva» puede provocar, a través de la mirada del envidioso, infortunios encadenados, mala suerte, desgracias e incluso enfermedad hacia la persona en cuestión; normalmente, bebés, niños y mujeres embarazadas serían los más propensos a padecerlo. ¿Será esto cierto? ¿Formará parte de una superstición? ¿Solo las personas que creen en ello son las que se pueden ver afectadas?

Pues bien, decidí escribir este libro por varias cuestiones. Una de ellas, por la propia experiencia sufrida y también porque cada vez hay más personas que, ya sea por el ritmo de vida que llevan o tal vez por la gran competitividad laboral, achacan sus dolencias a ese «resurgido mal» que parece estar en auge hoy en día. Pero no es tan simple, no hay que caer en el error de asociar todo «lo malo» que nos sucede a esta fórmula. Habrá que sondear cuáles son los síntomas más significativos de esta reacción. Habrá, por supuesto, que contar con el sentido común.

Sé que también hay personas incrédulas que no comparten esta idea, ya que los depositarios de estos conocimientos son considerados como fanáticos de cultos de la «época oscura» en la que no se conocía la ciencia tal y como la conocemos hoy en día, y que, por tanto, estos ritos paganos son poco o nada creíbles o fiables. Pero, claro, vamos a poner este tema, el «mal de ojo», en tela de juicio al haber investigaciones, documentos antiguos y relatos que no puedo pasar por alto.

Durante los últimos tiempos me han ido llegando testimonios que me han llevado a investigar, buscar la opinión de expertos y contar con personas que dicen haber vivido la experiencia de sufrir el mal de ojo. Por ello, te invito a seguir leyendo este libro con la mente abierta y con un gesto de posibilidad, porque, como dice el refrán, «cuando el río suena, agua lleva».

Y como no solo me interesa compartir con todos vosotros el simple hecho de explicar qué es el mal de ojo, cómo prevenirlo —si es que se puede prevenir— o cómo curarlo —aunque en un principio reconozco que es lo que más puede interesaros—, os invito a profundizar conmigo en el tema, ya que es imprescindible llevar la mirada al pasado para descifrar lo que decían los antiguos de este mal, porque, como podéis contemplar, soy de la opinión de no quedarme en la superficie de las cosas, puesto que siempre hay más, mucho más, ahí, esperando a ser descubierto.

En el primer capítulo de este libro, «La mirada maligna», me adentraré por las sendas de la historia, desempolvando antiguos textos y desvelando en la medida de lo posible a qué tiempo se remonta la creencia en el mal de ojo entre las diferentes culturas y cómo se enfrentaban a sus embates.

El segundo capítulo, «¿Es real el mal de ojo?», expondré y pondré en tela de juicio si hoy en día existe el mal de ojo, si es un mito o una realidad. Me adentraré en lo que dice la ciencia al respecto. Desplegaré la posibilidad del por qué se padece de aojo y si solo aquellos que creen en él pueden tenerlo, como también enumeraré puntos claves de la envidia en el siglo XXI.

El tercer capítulo, «Amuletos», será exclusivamente para estudiar los diversos y curiosos amuletos para prevenir el mal de ojo que han existido a lo largo de la historia y que aún siguen en vigor, porque, desde la época de las cavernas hasta la de los ordenadores, gran cantidad de amuletos y talismanes de diversas formas y materiales, cargados de un componente mágico o sentimental, han acompañado al hombre ante la inseguridad humana. Esta fuerza y esta sacralidad con las que se ha dotado a los amuletos sirven para neutralizar todo mal, para aquel que cree en ellos. Pero nos preguntaremos si esto es cierto o no.

En el cuarto capítulo, «Preguntas más frecuentes», como bien dice el enunciado, expondré los interrogantes más habituales que he podido recopilar de las personas que preocupadas me exponían, por ejemplo, cuáles eran sus síntomas, cómo se ve afectada la salud, la economía, los negocios, el amor…

¿Quiénes son los más vulnerables? ¿Cuándo hay que empezar a preocuparse? Si se tiene una mala racha, ¿significa que estoy aojado? ¿Se puede quitar? ¿Cómo quitarlo?… Todas estas respuestas se pueden encontrar en este capítulo.

Y el capítulo quinto, «Testimonios», es diferente a todos los demás. Aquí tengo que agradecer la gran colaboración de todas las personas a las que he entrevistado o que se han puesto en contacto conmigo y que me han contado sus experiencias sin tapujos, sin adornos, sin protagonismos, y que me han autorizado a escribirlas en este libro. Gracias de nuevo por su valentía y sinceridad. Sus vivencias son una gran aportación que nos enriquece a todos.

En este capítulo, narraré textualmente los testimonios de esas personas que dicen haber padecido aojamiento y cuyos relatos son estremecedores, tiernos, mágicos, curiosos e interesantísimos...

El capítulo sexto, «El mal de ojo desde la sabiduría del corazón», tiene otro cariz, uno que es esencial para todos, para poder comprender, para poder transmutar lo negativo en positivo, para poder tener esa «resiliencia» de la que tanto se habla hoy en día, porque parte importante de nuestra salud física es tener y mantener una buena salud emocional. Hoy por hoy vemos que las personas tienen muchos desequilibrios emocionales; por lo tanto, tener un punto de vista distinto, más sosegado, con más paz interior, con más alegría, más elevado, más completo o más holográfico, diría yo, puede recomponernos.

Quizá comprender por qué una persona es envidiosa ya es llevar un escudo contra el mal de ojo. Quizá adaptar y poner en práctica esa sabiduría del corazón sea la forma de poner freno y barrera a todas las flechas envenenadas que podamos encontrarnos en todos los ámbitos de la vida, ya sea de trabajo, de familia, de amigos, de compañeros...

Y es desde este capítulo sexto que se puede reflexionar ante todas esas agresiones que podemos encontrarnos. Te resultará atractivo, pues he extraído de ellos los puntos en los que apoyarse para que te resulte fácil de consultar en cualquier momento.

Y, por último, si hay una pretensión en este libro, es la de aportar luz a un tema que durante mucho tiempo se ha tenido como algo perteneciente al mundo de lo oculto, de lo esotérico; a un mundo brujeril y de posesiones. Por eso yo creo que conocer, saber, es la base para desmitificar y normalizar algo que está ahí, dormido o no, y que podemos neutralizar, quizá con nuestra fuerza interior, con nuestro poder mental, con nuestra objetividad, evitando las trampas de las aprehensiones y debilidades psicológicas.

La tendencia hacia el equilibrio es la fuerza natural de la vida, por eso quiero transmitirte desde este libro tranquilidad y claridad, invitándote a construir un escudo de amor a tu alrededor, que es el único amuleto protector que destensa toda fuerza negativa.

Y ahora entremos en el estudio de este tema.

¿Te atreves?

1.
LA MIRADA MALIGNA

Que no te condicione este título, querido lector. Aunque he de reconocer que ya de por sí escuchar lo de «mirada maligna» evoca un tanto de pelusilla o temor que eriza el vello del cuerpo, y casi como por instinto nace de nuestro subconsciente y de repente la expresión «Toquemos madera», que, por cierto, me viene como anillo al dedo, porque es un término muy arcaico que ya utilizaban los antiguos romanos y griegos para protegerse de los infortunios.

Reconozcamos que, en medio de esta vida que llevamos en la que el tiempo no sobra, respondemos a estímulos y casi estamos como programados a vivir una vida en la que tienes que competir, tienes que cumplir con unas expectativas sociales, laborales y familiares que en muchas ocasiones pueden llegar a asfixiarnos. Ahora bien, tratemos de apartarnos de esa forma tan esquemática de vida que domina a casi todo el mundo y casi todo el tiempo de nuestra vida, y contemplemos esta posibilidad, la de sopesar lo que hay de cierto o de incierto en el mal de ojo.

Sé que con los tiempos cambian las creencias y los modos de enfrentar la vida, y el mal de ojo se ha convertido en un agujero abierto a lo desconocido que hemos querido ignorar, pero que ahí está, y, tras él, el convencimiento de muchas personas que guardan letanías, tradiciones y las raíces de lo mágico.

Hay que reconocer que esta «dolencia» todavía late en muchos lugares; muchas veces, a la vuelta de la esquina, y otras, a kilómetros de distancia, en aldeas apartadas o dentro de una gran metrópolis. Pero, para entender qué es el «mal de ojo», comenzaré por definir el concepto e intentaré hacerlo sin superstición, sin credulidad facilona y sin ocultismos. Aunque, después de años de investigación sobre el tema y de escuchar los testimonios de muchas personas que dicen haber padecido de este mal —más adelante, expondré alguno de los casos más significativos—, he de decir que me he asombrado pudiendo constatar, en algunos de ellos, una serie de hechos y signos evidentemente reales, que me llevan a la posible convicción de que podrían estar atrapados por la mirada maléfica, lo que se denomina «estar aojado».

¿Y qué es «mal de ojo»?

Como de todos es sabido, hay miradas que matan y miradas que sanan. El poder de la mirada es algo que está ahí, tiene su lenguaje propio, basta con ser observador y ver cómo mira una madre a su hijo o a su bebé recién nacido para darse cuenta del poder de la mirada y de la comunicación visual. Si hablamos de miradas y si hemos estado enamorados, habremos podido comprobar el efecto placentero que ha causado en nosotros.

Ya decían los antiguos filósofos griegos —entre ellos, Platón— que «los ojos son el espejo del alma y que el alma se escapa por los ojos». Ahora bien, también se escapan intenciones, sensaciones sutiles y complejas que no son tan benévolas y que puede que nos afecten de un modo u otro.

El mal de ojo consiste en la creencia de que, mediante

el poder de la mirada, ciertas personas, consciente o inconscientemente, son capaces de causar el mal a otro, y que dicho mal afecta tanto a nivel psíquico como físico. Esto sucede debido al hecho de que el agresor posee fuertes sentimientos negativos en contra de su víctima, ya sea envidia, rencor, celos o ira contenida.

Siempre pensamos que únicamente el mal de ojo se recibe de personas que te quieren mal, pero se ha podido constatar que tan nocivo es esto como la admiración excesiva. Los dos extremos de la balanza contienen el poder destructivo. La fascinación y la obsesión por una persona puede llegar a ser muy nociva, hasta el punto de que este hipnotismo puede dejar al sujeto —hombre, mujer, adolescente o niño— que es venerado sin apenas energía vital, aunque aquí también podríamos hablar de ciertos individuos que absorben, paralizan y bloquean la vida, las ilusiones, la buena fortuna, etc., y a estas personas se las denomina «vampiros psíquicos». Pero este es otro tema.

El mal de ojo también se les puede echar a los animales, a las cosechas y, por supuesto, a objetos que se impregnan de malas vibraciones. En realidad, es el acto de transmitir el mal por medio de la mirada maléfica. Pero, ¡atención!, y aquí entra en juego una de las palabras clave, *fascinación*, que explicaré en el siguiente párrafo.

Etimológicamente existe una palabra que también la asociamos a este mal, como te he mencionado antes. *Fascinar*, según el Diccionario de la Real Academia Española, deriva del latín *fascinare* y tiene tres acepciones: la primera es la de «engañar», «alucinar», «ofuscar»; la segunda es «atraer irresistiblemente», y la tercera es hacer «mal de ojo».

La denominación más antigua es la latina *óculos fascinus*, que significa «causar o producir mal de ojo», «maleficiar», «encantar», «hechizar». Para Plinio —escritor, científico, naturalista y militar—, los *fascinantes* son los hechiceros.

Fascinatio es la acción de fascinar, de hechizar; la *fascinación* es el encantamiento en sí, el hechizo o encanto realizado.

Pero a lo largo y ancho de nuestro territorio, podemos encontrarnos con diferentes nombres que describen la creencia en el mal de ojo. En catalán o valenciano, se le llama *mal d'ull*; en vasco, se le conoce como *begizkoa*; en gallego, *mal de ollo*, y en los países de lengua castellana, *aojo*.

«Los ojos son el reflejo de tu carácter. Así que tu bondad o tu maldad se refleja en tu mirada».[1]

Pero no solo la mirada es la causante del aojo. La fascinación también se transmite por tres vías: por los ojos, por supuesto; por la palabra, y por el contacto.

HISTORIA DEL MAL DE OJO EN LAS DIFERENTES CULTURAS

Poco a poco nos iremos adentrando más y más en el tema, pero es imprescindible hacer un poco de repaso por la historia antes de hablar de qué tipo de personas solían ser las señaladas o causantes de echar este mal, y de cuáles son los síntomas de un aojado, de cómo aqueja a las personas, sobre todo a los más vulnerables, como suelen ser, según la tradición y el mito ancestral, las mujeres embarazadas, los bebés rollizos o las jóvenes hermosas.

Pero, si nos fijamos en los casos existentes en la actualidad, hoy no solo podríamos hablar de que los síntomas son casi similares a los de antaño, sino que los llamados «aojadores» corresponderían a otro patrón de personas,

---

[1] «La lámpara del cuerpo es el ojo; así que, si tu ojo es bueno, todo tu cuerpo estará lleno de luz» (Mateo 6:22-24).

movidas quizá por otros intereses y causas, por eso es importante antes de daros a conocer toda esta cantidad de información y evidencias, que nos remontemos a la memoria antigua.

Seguramente, esta forma arquetípica de pensamiento arcaico —el mal de ojo— cohabite en ti, en tu estructura cerebral, pero ahora alojada en la parte más racional debido a que la cultura y los conocimientos actuales han contribuido a que seamos más objetivos y busquemos explicaciones científicas a estos sucesos.

Tenemos consciencia de que la gente de otra época, sobre todo las personas que vivían en aldeas aisladas y pueblos rurales, era más manejable por su escasa ilustración y fe ciega en sus dogmas, quizá también el miedo inoculado «hacía de las suyas». Hay que tener en cuenta que gran parte de dolencias que hoy en día se solucionarían con un simple analgésico, en tiempos remotos, se las atribuían a este mal, al aojamiento. Pero lo cierto es que el mal de ojo, lo queramos o no, está en el imaginario colectivo, alimentado tanto en su dimensión real como en su dimensión mítica dentro de todas las culturas, así que habrá que estudiar este fenómeno que ha tenido en jaque a muchas gentes de ayer y de hoy.

De la misma manera que en la actualidad nos preocupamos por mantener una buena salud integral con las técnicas vigentes y adelantos de la ciencia y de la medicina, en otros tiempos también lo hacían, pero con sus propios métodos.

Forma parte de la supervivencia y conservación de la comunidad y de su entorno que las personas que constituyen el núcleo familiar, de grupo o de clan, conserven la vitalidad y la salud tanto emocional como física de sus habitantes, y los hombres de antaño, los más ancianos, los sabios, los hombres medicina, inevitablemente debido a su instinto de subsistencia y protección, intentaban combatir la enfermedad, la desgracia, la adversidad en todo su amplio sentido de la palabra, utilizando toda clase de rezos, letanías, artilugios, pócimas y decretos que bien han dejado grabados en escritos o han sido transmitidos de forma oral dentro de la familia. Y gracias a esas reacciones y modos de actuar, queda la evidencia hoy en día de que han existido este tipo de sortilegios combativos del mal.

Nos podríamos preguntar si a este tipo de afección, superstición, mal, maldición o fascinación se le ha considerado como una dolencia banal o, por el contrario, se le ha dado la suficiente importancia como para temerla o tenerla en cuenta dentro de las diferentes culturas a lo largo y ancho del planeta. Y yo estoy convencida de que sí, de que ocupaba un lugar más o menos presente y visible dentro de las tradiciones, los distantes pueblos y culturas diferentes; de hecho, podemos encontrar multitud de cultos, de hallazgos y similitudes que harían referencia a cortar o evitar el mal de ojo. Tanto es así que los romanos tenían un saludo muy peculiar que decía: «Que el mal de ojo no te encuentre».

Eso sí, hay que estar abierto a encontrar signos, detalles, simbolismos que, aunque difusos, los podemos hallar hoy en día por todos los continentes; por ejemplo, en las puertas de las casas, en las catedrales y templos, en los comercios, en las embarcaciones y también en joyería, en forma de collares, de cuentas, de amuletos... Y cómo no, cada uno de estos símbolos adaptado al lugar geográfico, a la cultura y credo, en definitiva, a su herencia, pero que encierran la evidencia de que esta creencia ha existido en muchos lugares y desde tiempos muy remotos. No obstante, debemos ser muy cuidadosos a la hora de dilucidar o interpretar los textos antiguos, al igual que con toda la información que ha llegado hasta nuestros días, pasando de generación en generación de forma verbalizada.

EL PRÓXIMO ORIENTE

La creencia en el mal de ojo ha estado sometida a espacios en el tiempo en los que se ha ocultado su existencia queriéndola borrar de la memoria y condenando sus conjeturas, aunque ha sido tan perseguida como temida, y todo ello confabulado con períodos de auge en el que el mal de ojo se ha tenido muy presente, pero, como digo, siempre bajo la sombra de un velo bien tupido y difícil de descorrer.

No sabemos con certeza dónde nace la creencia en este mal, aunque los datos más antiguos de los que se tiene constancia vienen del Próximo Oriente. Los conjuros mesopotámicos y egipcios son muy similares y podemos creer que todo parte de esas antiguas civilizaciones con gran herencia cultural y que más tarde se han ido extendiendo desde Oriente a Occidente como una creencia, como una superstición o quizá también como culto vinculado a la diosa mesopotámica Inanna[2] o a los ídolos oculados.

Hay una tablilla sumeria hallada en Ugarit de unos cuatro centímetros de ancho, datada del segundo milenio antes de Cristo y que habla de este mal[3]. La podemos encontrar en el Museo del Louvre, concretamente en la sala tres de Mesopotamia, y en ella se dice que el mal de ojo era asociado a un monstruo. Hay conjuros hallados también en esta cultura en la que se habla de la «mirada nefasta»

---

2   Inanna era la diosa del amor, de la guerra y protectora de la ciudad de Uruk, en la mitología sumeria. Inanna también se asociaba con la lluvia y la tormenta, y con el planeta Venus, la estrella de la mañana y la tarde, como las diosas grecorromanas Afrodita o Venus.
3   El ojo malo que transmuta el donaire de su hermano y la gracia de su hermano, apuesto como es, devora su carne sin cuchillo, bebe su sangre sin copa... (tablilla que expone a la perfección el deterioro orgánico que se atribuye a este mal).

que hace que no crezca la hierba, que hace que enferme el ganado y que lleva a la ruina.

Según los sumerios, algunas enfermedades caían del cielo o eran provocadas por la mano de un dios, de un demonio, de un monstruo, del dragón Mus.hus o de una mirada. Aquí tenemos un ejemplo de ello:

> Si una persona está continuamente triste, está levantada de día y de noche, sufre serias pérdidas de dinero y no consigue beneficios, la gente le calumnia, la gente que habla con él no le dice la verdad, la gente habla mal de él a sus espaldas, ellos no le ven en el lugar en el que se encuentra, sus sueños son inquietos, continuamente ve en sueños a personas muertas, una sensación de aplastamiento se aloja en su pecho…(los dioses y las diosas están enojados con él, se ha hecho brujería contra él, ha sido maldecido ante el dios y la diosa), sus deseos son confusos, dios, rey, patrón y príncipe le ocasionan pesar, no encuentra respuesta a sus problemas fuera del adivino o del vidente, incluso después de siete (intentos), nadie le escucha…[4]

Así que, como podéis comprobar, es imposible que pasemos por alto este tipo de grafía, porque es la evidencia o la creencia de que ya en el Próximo Oriente y desde aquel tiempo, alrededor del 3500 a. C., existía un poder, quizá humano, quizá divino, que podía afectar al bienestar humano y que era transmitido por el magnetismo que desprende la mirada cuando la malicia o la envidia corroe por dentro.

---

[4] Del tratado *El arte de la curación en la antigua Mesopotamia*.

EL ANTIGUO EGIPTO

En todas las culturas y las antiguas religiones paganas encontramos evidencias en la creencia y el poder que ejercía el mal de ojo, y, sea cual sea la época en la que se investigue, se nos presenta la magia como invitada de honor, siempre haciendo acto de presencia, y de tanto en tanto también se manifiesta como el antídoto. Y si hablamos de magia, el país por excelencia es Egipto. Los egipcios creían firmemente en el *heka* —el poder de la magia—, y nada en el universo se concebía sin que estuviera animado por ese poder.

Pero, antes de adentrarme de lleno en los datos, iconografía o textos egipcios, hay una expresión que es necesaria recordar y que seguro que te sorprende por lo habitual que ha llegado a ser. Viene de aquellos tiempos en los que los habitantes egipcios temían a esta suerte y que seguro has escuchado, e incluso has dicho tú mismo: «¡La niña de mis ojos!». Esta frase es la pervivencia de esta antigua creencia que ahora explicaré y que tiene su origen en el antiguo Egipto.

La expresión «la niña del ojo» también es reconocida como la «pupila» (el término *pupila*, etimológicamente, proviene del vocablo en latín *pupilla*, diminutivo de *pupa*, utilizado para referirse a una niña), y, como acotación, he de decir que se puede apreciar en la superficie reflectante del ojo, concretamente en la pupila, que nos podemos ver reflejados al mirarnos como en un espejo y que también queda reproducida en nuestros ojos la silueta de la persona a la que se está mirando, de ahí que dicho perfil recordara el trazo de un diminuto cuerpo de niña y se le comenzara a llamar de ese modo.

En las Sagradas Escrituras, en el salmo 17, conocido como la «Oración de David» podemos encontrar en los versículos 8 y 9 el siguiente texto, que recordaría a la expresión que utilizaban los egipcios para salvaguardar a los hijos e hijas o a alguien querido como «la niña de mis ojos»:

> Guárdame como a la niña de tus ojos;
> escóndeme bajo la sombra de tus alas,
> de la vista de los malos que me oprimen,
> de mis enemigos que buscan mi vida.

Pero hagamos un poco de memoria y remontémonos a la genealogía del país del Nilo para hablar del Ojo de Horus, Udyat, que significa «el que está completo». El Ojo de Horus es un componente clave en la historia del antiguo Egipto y que está envuelto en uno de los más fascinantes y extraordinarios momentos de su cosmogonía y que sigue narrándose siglos después con la misma intensidad, mito y creencias religiosas. Curiosamente, el Ojo de Horus no es meramente un símbolo tenido como mágico, sino también hace referencia, por sus proporciones, a los conocimientos matemáticos adquiridos por los antiguos egipcios. Pero, para que tengáis conocimiento de esta historia, os la resumo aquí.

Horus, que se representa con cabeza de halcón, hijo del dios Osiris y de la diosa Isis, perdió su ojo izquierdo luchando contra su tío Seth para vengar a su padre, Osiris, y recuperar su trono —y un apunte importante a señalar: las personas que echan el mal de ojo, el ojo que es más potente para fascinar es el ojo izquierdo. Seguramente este dato tenga mucho que ver con la pérdida del ojo izquierdo de Horus—.

Todos los dioses del antiguo Egipto traían consigo un presente, y el dios Thot es imprescindible para dar explicación a la importancia del llamado «Ojo de Horus». El dios Thot en su iconografía era representado con la figura de un hombre con la cabeza de un ibis y también como la representación de un babuino. Thot es la divinidad egipcia de la sabiduría y quien trajo la escritura, pues él era el mensajero entre el reino del inframundo y el reino de los cielos, pero lo que hizo el dios Thot con Horus fue sustituir el ojo izquierdo por el Udyat, para que Horus pudiera recuperar la vista. De ahí que se le otorgue el poder de lo restaurado y de lo que vuelve a ser perfecto. Desde ese momento, la atenta mirada del Ojo de Horus, el Udyat, cobra un poder mágico y divino. Sus características protectoras están plasmadas en los Textos de las Pirámides[5], en el Libro de los Muertos o también, y por poner otro ejemplo, en los Textos de los Sarcófagos.

Aunque no solo el Ojo de Horus, el nudo Tiet de la diosa Isis, el escarabajo sagrado Kheper o el Pilar Djed de Osiris fueron algunos de los simbolismos más usados por los antiguos egipcios, también se utilizaron en situaciones adversas o similares a lo que hoy llamamos «mal de ojo»[6]. No obstante, estos cobraban gran poder y magia asignados por sus antepasados.

En el antiguo Egipto la envidia se deslizaba por la mirada y también formaba parte de lo cotidiano. Uno se la ponía como se pone su ropa, de ahí que este mal fuera muy temido y asociado a la fuerza de Seth como referente del mal, del caos, ya que él desempeñó el papel de hermano envidioso al asesinar a Osiris y cortarlo en pedazos por querer usurparle el trono.

---

5 «¡Su mal es expulsado! Se ha purificado con el Ojo de Horus» (declaración 258, en la pirámide de Unis).
6 Del artículo «Magia e ilusionismo en el antiguo Egipto», de Nacho Ares.

Ojo de Horus o Udyat

Por los textos escritos y las evidencias que se han ido encontrando en las excavaciones, los dioses y los sacerdotes magos utilizaban *heka* —el poder de la magia— para enfrentarse a la fuerza más temida, Apep, y moldeaban figurillas de este monstruo y las maldecían, escupían sobre ellas y a su vez les lanzaban sus hechizos para ayudar al dios Horus y salvaguardar el orden cósmico y la justicia, representados por la diosa alada Maat[7].

En el antiguo Egipto se pueden encontrar textos escritos, unos con tinta negra y otros con tinta roja (que habitualmente era empleada para maldecir, castigar y dañar a

---

7 Maat. Diosa de la justicia, la verdad y el orden, tanto cósmico como político y social. En su iconografía, Maat aparece representada como una mujer, de pie o sentada, llevando sobre la cabeza su símbolo, una pluma de avestruz vertical.

un adversario), textos que eran eminentemente mágicos por su contenido y que hacían referencia al «mal-decir» y también al «mal de ojo». Algunos de estos textos se han podido encontrar en el interior de ataúdes. Normalmente, estos escritos iban destinados al propietario después de su partida del mundo de los vivos.

Es dentro de estos enterramientos, dentro de estos ataúdes donde se encuentra por primera vez el «mal de Apofis», nombre griego. Apep[8] en nombre egipcio.

Hay que destacar que en el capítulo 108 del *Libro de los muertos* se habla de la movilidad de la pupila de Apofis, del daño cometido contra el Ojo de Ra.

Apep también fue representado por una bola circular, el «mal de ojo» de Apep, siendo golpeado por el faraón en numerosas escenas del templo.

Hay que dejar claro que los antiguos misterios jamás fueron del dominio público, sino que el manejo de los mismos siempre ha estado dirigido por los sacerdotes que sabían que el hombre necesitaba religiones esotéricas[9] con premios y castigos que penalizaran sus actos o acciones, y eran

---

8 Apofis era el antiguo espíritu egipcio del mal, la oscuridad y la destrucción, como el archienemigo del dios del sol, Ra. Era una fuerza malévola que nunca podría ser completamente vencida. Según un mito, Apofis hipnotizaría al dios del sol con su mirada y a todos sus seguidores, excepto a Seth, quien rechazaría a la serpiente atravesándole el costado con una gran lanza.
    Apofis es la serpiente que siempre amenaza a la barca solar en la puesta de sol. En algunos textos, Apofis atraparía el bote de Ra en sus enormes rollos (conocidos como «bancos de arena») o haría que las aguas del inframundo se inunden para abrumarlo.
9 Esotérico y Exotérico (griego *esoterikos*, «externo»). El término *esotérico* se emplea para designar la idea o teoría destinada únicamente a los iniciados, comprensible solo para los especialistas. Por el contrario, el término *exotérico* se usa en el sentido de «popular», accesible también al no especialista. Los dos términos se emplean también para designar las conexiones internas, esenciales (esotéricas) y externas (exotéricas) de los fenómenos. *Diccionario de filosofía*, 1984:144.

ellos los que realizaban los ritos llamados «apotropaicos», especialmente dirigidos a los más débiles, como podrían ser los ancianos, los niños y las mujeres, sobre todo las que estaban esperando un hijo, también las que estaban a punto de dar a luz, porque entraban en un momento muy delicado como era el parto, y las que hacía poco que habían parido también estaban, por un decir, en peligro.

Se conocen expresiones, pero ya de tiempos más tardíos de Egipto, en las cuales se invocan los siguientes decretos oraculares: «Que el dios o la diosa mate o espante el mal de ojo». También se han encontrado inscripciones en los amuletos, que están grabados con textos como este:

> La flecha de Sejmet está en vosotros, la magia de Thot está en vuestro cuerpo, Isis os insulta; Neftis os castiga, la lanza de Horus está en vuestra cabeza. Ellos obran contra vosotros (...) los que estáis en el brasero de Horus..., quien echara un mal de ojo contra Padiamonnebnesuttauy nacido de Mehtmusejet...

Entre las muchas supersticiones egipcias, existía una serie de recomendaciones, de entre ellas, la de que se evitara dibujar en color rojo (*desher*) el ojo, para que aquel que leyera el texto no pudiera estar expuesto a ese mal con su lectura o por la simple observación. La tinta roja era utilizada por los escribas y sacerdotes para maldecir, para expresar la ira, y se asociaba a Seth, dios del desierto y el caos, que tenía el cabello pelirrojo y los ojos rojos.

Lo cierto es que continuamente, y de norte a sur del país egipcio, se están encontrando en las excavaciones objetos en los que se pueden apreciar amuletos con la forma del Ojo de Horus para la protección contra el llamado «mal de ojo».

Los magos y sacerdotes solían realizar rituales escritos en papiros para evitar males asociados a la fascinación; de hecho, sustituyeron los amuletos a finales del Imperio Nuevo (hacia el 1070 a. C.) por escritos en papiro, con fórmulas únicas, y también con la figura de alguna divinidad y con inscripciones como esta, en la que se podía leer, por ejemplo, «Defiéndeme», y que, por añadido, solo tenían efecto si ellos previamente las habían recitado.

Es importante señalar que, cuando el mago pronunciaba un conjuro o una petición, era él mismo quien ponía su fuerza y su deseo; sin embargo, cuando lo solicitaba el sacerdote en petición de algo, no era él el que concedía los favores o la protección, sino que era el mismo «dios» el que generaba el efecto demandado de protección o de sanación. Este tipo de ritual que llevaban a cabo servía para deshacer cualquier conspiración de ira o de envidia. Dicho papiro debía ser llevado atado al brazo derecho para que fuera efectivo. En fin…, el mal en la mirada también formaba parte de la vida en el antiguo Egipto.

LA ANTIGUA GRECIA

Tanto era el temor que se tenía en la antigua Grecia que uno de los saludos que se convirtió en habitual por aquel entonces era el siguiente: «Que el mal de ojo no te vea».

Y hablando de los griegos, cuna de la civilización occidental y lugar de nacimiento de la filosofía, democracia y principios de las ciencias, anidó una teoría de tantas que decía que el mal de ojo se transmitía por el aire. Este se cargaba de los sentimientos y del ambiente generado en ese lugar. Así que una persona envidiosa podía envenenar el aire con sus pensamientos y después, al respirarlo, cualquier otro individuo podía sufrir las consecuencias y perjuicios, y este postulado también lo exponía Heliodoro (siglo IV d. C.), escritor griego, natural de Emesa, en Siria.

La historia griega es muy amplia, pero sí que he de destacar que hubo una enfermedad común que infectó a una sociedad en un determinado momento de la historia y que era la envidia, y esta derivó sobre todo por el tipo de gobierno que hacía que existiera esa apuesta de vida o *modus vivendi*.

Plutarco en el siglo I ya decía que era imposible extirpar de la vida social la envidia, y describe al envidioso como aquel que libera a través de sus ojos partículas llenas de malignidad, que son capaces de dañar la mente y el cuerpo como si fueran flechas envenenadas. Esto se podía considerar casi como un postulado científico de la época, y desde luego, para mi forma de ver las cosas, dio en el clavo. Hoy en día ese mal, el de la envidia, también es muy difícil de erradicar en este tipo de sociedad en la que vivimos tan llena de competitividad y, en cierto modo, de desarmonía. Parece ser que la envidia forma parte de la cotidianidad y que es parte fundamental de la vida, ejerciendo una posición destacada, quizá no de ese modo en el que nos lo explica Plutarco, sino transformada en emociones corrosivas capaces de degenerar en trastornos de ansiedad, del apetito e incluso del sueño. Este mal es capaz de incidir en el comportamiento ante la vida convirtiéndose en distintos cambios de actitud; por ejemplo, una postura de víctima, o de persona que está siempre a la defensiva, o de comportamiento distante por el resentimiento que se alberga. Otra de las mutaciones de la envidia es el menosprecio hacia los demás. En fin, es obvio que se pueden detallar infinidad de variantes, pero ya hablaré más adelante del poder de la envidia en el siglo XXI.

Y continuando con el período de la Grecia antigua, es importante recordar que, cuando los griegos comenzaron a perder sus raíces y dejar de venerar a sus dioses, resurgió con mucha insistencia el orfismo —un movimiento que unió creencias procedentes del culto al dios Apolo con otras relacionadas con la reencarnación—, individuos que estaban al margen de la política y que ponían su fe en los cultos mistéricos y en sus recetas de salvación, extraídas de los demiurgos del pasado para los aojados.

En la antigua Grecia se genera un buen caldo de cultivo de este mal y tenemos muchas referencias que lo señalan. Una de tantas es la llamada «pulsión escópica» centrada en la mirada, pero no una mirada objetiva, sino una mirada que penetra lo visto. Los griegos decían: «Quien mira, palpa», porque la vista era experimentada como un órgano que es capaz de agarrar algo, de retenerlo en la pupila, de desearlo hasta el límite de la enajenación. Para los griegos no existía una mirada distante, y, según Homero, cuando las miradas transmiten fielmente lo que piensa una mente envidiosa, el ojo es capaz de producir rayos. Homero denominaba a este rayo *dérkomai* (que viene de la raíz *drákon*), y con esto podemos entrar en un mundo que nos puede llevar al universo de leyendas fantásticas y mitos sobre el poder de los dragones, etc.

Y sigo con la cultura griega para hablar del dolor y del placer de la mirada. Ya en tiempos de Aristóteles y en sus tratados se mencionan «el dolor en la mirada» y «la mirada armoniosa». Se hablaba de la buena y de la mala mirada, y ambas dos tenían el potencial de generar efectos nocivos. ¿Por qué? Pues el hecho de que una persona mire con admiración a otra, a un recién nacido, a una persona que tiene suerte, y lo haga incluso sin envidia y sin mala intención, solo con la obsesión, generaba lo que ellos llamaban *baskainein*, que es el poder del buen hechizar. Incluso había una creencia muy antigua en la que se decía que el acto de alabar o enaltecer las virtudes de una persona podía desencadenar la furia de Zeus, y que este intervendría enviando truenos fulminantes de sus ojos hacia la persona que estaba siendo venerada, y todo por celos. Así que no desatemos la ira de los dioses, por si acaso.

Platón dice en su obra *Fedro* —diálogo posterior a *La República*— que alabar algo es invitar a caer presa de la influencia del aojamiento.[10]

El poder de petrificar

Si hay una mirada terrorífica, sigue siendo la de Medusa. Por ejemplo, cuando la vemos plasmada en el cuadro del pintor italiano del barroco Caravaggio de 1597, nos damos cuenta de la profundidad y la intensidad espeluznante de la mirada.

La cabeza de Medusa, Caravaggio, Florencia.

---
10 De *Envidia y política*, de Jorge Márquez.

Según el mito, fue la única mortal de las tres gorgonas que tenía el poder de convertir en piedra a todo aquel que la mirara a los ojos. Por lo general, y según la historia escrita y las fuentes más clásicas, el poeta romano Ovidio narraba que Medusa era una joven hermosa que oficiaba como sacerdotisa en el templo de Atenea y fue violada por el mismo Poseidón, lo que ofendió a la misma diosa. Entonces fue cuando Atenea, enfurecida, transformó el hermoso cabello de Medusa en serpientes, y sus ojos, en dos rayos fulminantes.

Fue decapitada por Perseo gracias a la ayuda de la diosa Atenea, y utilizó la brillante parte interior de su escudo a modo de espejo para desviar su mirada y así poder ejecutar la acción. Por eso se dice, y de esta leyenda viene, que los espejos tienen el poder de desviar el mal.

Desde la Antigüedad clásica griega, se ha utilizado la imagen de la cabeza de Medusa en pectorales de guerreros, en escudos, en forma de mosaicos, en las puertas de las casas y de los templos, como ente u objeto y figura que aleja el mal con su mirada desafiante y amenazante.

A lo largo y ancho de todo el territorio que bordea al mar Mediterráneo nos podemos encontrar con esta o parecidas representaciones de Medusa, bien en pintura o en arquitectura, y una de las que más me impactaron, porque me sigo preguntando por qué y más aún el para qué de su posición, se halla en una ciudad que adoro por su historia. Se trata de dos columnas de mármol de grandes dimensiones con las representaciones de la cabeza de Medusa, pero, cosa curiosa, una está colocada al revés, o boca abajo, y otra de costado. Os hablo de la Cisterna Basílica (*Yerebatan Sarayı*, «Palacio Sumergido») en Estambul, Turquía.

La Cisterna Basílica (*Yerebatan Sarayı*, «Palacio Sumergido»), en Estambul, Turquía.

Está claro que el mundo antiguo utilizaba este poder apotropaico en edificios importantes para protegerlos y se supone que el agua cubría la cabeza de Medusa… ¿Quizá porque la propia Medusa se horroriza al verse a sí misma ya que entonces sucumbiría a su propio poder petrificante? ¿El agua hacía de espejo para reflejar su imagen y así no poder contaminar el agua? ¿Por qué fue destinada al mundo inferior, como lo está la Cisterna bajo la superficie? ¿O por qué otro motivo? ¿Para que el agua no quedara rígida, estancada y, por lo tanto, putrefacta?

Perseo mostrando la cabeza de Medusa, de Benvenuto Cellini.

Miles son las preguntas que me vienen a la mente, pero, a nivel inconsciente, incluso hoy en día nadie quiere estar frente a ella, porque mirarla a los ojos supone abrir la puerta a esa dimensión aterradora y paralizante.

TRADICIONES HEBRAICAS Y MAL DE OJO: *AIN HARA* («OJO DEL MALVADO»)

«Quien eleva su espíritu se halla fuera del alcance del ojo».
Cita de la Torá.

La envidia siempre ha ido asociada a la idea de mirar, observar y anhelar con codicia lo que tiene el otro.

Como de todos es sabido, en las tablas de la ley dadas a Moisés están escritos los diez mandamientos, y el décimo justamente es «No codiciarás los bienes ajenos».

Según la Torá, no hay ojo malo, hay ojo del malvado, y todo es causado por la persona, por sus actos innobles. Todo empieza por sus pensamientos que irradia a través de sus ojos hacia una persona, objeto o animal.

También dentro de las tradiciones más antiguas del pueblo hebraico se utilizaba la magia para repeler el mal, de ahí que los habitantes de Canaán recurrieran a ella para neutralizar la malevolencia demoníaca y la malignidad de las personas.

Os voy a hablar de un vocablo que se utiliza desde tiempos inmemoriales por el pueblo judío, y es este: *Ain Hara*, la palabra más cercana a la expresión del denominado «mal de ojo». Aclararé que la palabra *Ayin* o *Ain* es *ojo* en hebreo, correspondiente al género femenino, y, como reseña a destacar, diré que los elementos del cuerpo se determinan todos en femenino. Y el término *Hara* no es el resultado de la palabra *mal*, sino que describe el acto del maledicente o envidioso.

También hay otro vocablo vinculado al del mal de ojo, y es la lengua. Me explico: «lengua mala, o la lengua *Lashón* del malvado» es lo que se conoce como maldecir, decir mal de una persona, degradarla, infamar con mentiras, destruir su reputación y honor con embustes y falsos testimonios. En hebreo, esta gravísima acción se denomina con la expresión *Lashón Hara* o *Leshón Hará*.

La maledicencia o mal decir es la proyección hacia el exterior de nuestra frustración que puede lastimar y hasta demoler la vida de otra persona, por eso esta acción es considerada por el pueblo hebraico como un gravísimo quebrantamiento y un acto impuro. Sin embargo, el mal de ojo o *Ain Hara*, refiriéndose al carácter envidioso de una persona, se consideraba como acto de mala voluntad. La mala voluntad y el acto de maldecir, aunque son ambos componentes de maldad y rechazo, no tienen, por decirlo claro, la misma carga de perversión.

En el Talmud y el Midrash —un método de interpretación bíblica dirigida al estudio o investigación que facilita la comprensión de la Torá—, se habla del «mal de ojo» en acción[11]. En esas reinterpretaciones de las historias de la Biblia hebrea, Sara está «echándole mal de ojo» a Agar porque esta presume ante Sara de haber quedado embarazada en la primera noche carnal, cosa que enfureció a Sara, cuya envidia provocó el *Ain Hara*, y, por esta consecuencia, Agar perdió el feto.

---

11 «Todo lo que pusieran en sus ojos fue quemado de inmediato. Entonces surgió un Eco Celestial que gritó: "Han emergido para destruir Mi mundo: Regresen a su cueva"» (Shabbat 33b).

La Torá dice que, si no es por tu culpa, no hay *Ain Hara*. En el caso de Sara, si Agar no hubiera presumido, si no hubiese pregonado con saña a los cuatro vientos que ella se quedó embarazada a la primera de cambio, no hubiera habido *Ain Hara*. Aunque en el capítulo 16 del Génesis la historia es otra bien distinta.

También en los preceptos hebreos dan a conocer que los más propensos a tener *Ain Hara* son aquellas personas que muestran su riqueza; también aquellos que causan sorpresa a otros generándoles envidia, y, por supuesto, el que muestra su inteligencia y su belleza. Por eso aconseja no resaltar las virtudes ni de tus hijos ni de tu hogar. En fin, que no hables de más, porque eso puede provocar efectos nocivos.

Otro de los factores que se tienen en cuenta en esta sociedad hebrea es el examen de consciencia; en realidad, preguntarse qué ojo se tiene. ¿Cuáles son las cosas que pueden provocar que yo, en primera persona, haga un mal de ojo a los demás?

1. Examinar las malas cualidades de mi carácter.
2. Ver si soy una persona envidiosa.
3. Si odio a mis semejantes o si no los soporto.
4. Si soy una persona avariciosa.
5. Si estoy enfermo, porque hablar mal de otro y/o maldecir es sinónimo de estar enfermo.

Estos son los cinco conceptos a vigilar de uno mismo. Pero el cinco para los judíos tiene muchas connotaciones, es la quinta letra del alfabeto, *hei*, lo no cortado por nadie, porque nada, ni la lengua ni los dientes, impide su pronunciación. Es la creación del mundo, lo espiritual, la exhalación, y podemos encontrar en el Hamsa o Mano de Mirian —que es el término utilizado en el mundo de los judíos y que también está presente en varias doctrinas orientales—

los cinco libros de la Torá. Ellos dicen que, extendiendo los cinco dedos de la mano o grabando una placa con la letra *hei*, se frena el mal de ojo, siendo ambos —la Mano de Mirian y la quinta letra del alfabeto— amuletos protectores o espirituales (*segulá*) para disuadir el aojamiento.

Hamsa o Mano de Mirian

Así también, y recordando los preceptos de este pueblo, vuelvo a enumerar los motivos por los que se puede padecer de este mal:

- Rabia.
- Envidia y mala voluntad.
- Por el bien querer.
- Por el mal querer.
- Por el ojo pagano (hacia los niños no bautizados).

Pero también la Torá nos habla de *Ain Toba* —el «buen ojo»—, que es la actitud positiva ante los demás para ver ese lado bueno del otro. *Ain Toba* es la condición de alegrarnos con sinceridad, no solo por tus propios éxitos, sino por los de los demás, pero, al hacerlo de forma obsesiva, provocamos que se produzca ese mal de ojo.

Tzví Hirsch Kaidonover en su libro *Kav Ha-Yashas*[12] advierte del cuidado que se debe tener, por lo que podemos tomar ciertas precauciones al respecto. Por ejemplo, si sabes que una persona tiene *Ain Hara*, desvíate de su camino, haz lo posible por no cruzarte con él o ella, porque se dice que, si no te ve, no puede dañarte con tanta intensidad. No resaltes las virtudes de tus hijos: si son hermosos, si han logrado muchos éxitos, si les va bien en su vida, si gozan de buena salud... No hables de los demás.

La Torá lo reafirma de la siguiente forma. Dice que se puede contrarrestar deseando el bien, bendiciendo. Diciendo palabras bonitas, teniendo pensamientos positivos. Pronunciando decretos como: «Yo soy (nombre completo), de la descendencia de (tus dos linajes, por parte de padre y por parte de madre). Que no caiga sobre mí el mal de ojo». Pero, ante todo, el más poderoso de todos los amuletos o prevenciones es la fe, la creencia en Dios, porque él lo maneja todo.

Aun así, y tomando estos consejos como guía, dentro de esta formación hebraica hay señalados doce días nefastos, o unos días en los que se debe tener más cuidado con la fuerza maléfica *Ain Hara*, y por eso no debería de hacerse, por ejemplo, ninguna intervención quirúrgica ni ningún

---

12 *Kav ha-Yashar*, escrito por el rabino Tzvi Hirsch Kaidanover (1648-1712), es una de las obras más populares de la literatura musar de los últimos trescientos años. La obra fue famosa por elevar los espíritus de las comunidades judías en Europa. Se ha descrito esta obra como una colección de historias, de orientación moral y costumbres ético-cabalísticas.

acuerdo económico. Esta especulación no sé a qué tipo de creencia o raciocinio se debe, pero tengo entendido que hoy en día los judíos todavía tienen muy presentes estos días en los que la fascinación puede hacer mella y cambiar el rumbo de la vida.

- 17 del mes de Jeshván.
- 5 del mes de Shevat.
- 25 del mes de Nisán.
- 29 del mes de Iyar.
- 16 y 27 del mes de Siván.
- 24 y 26 del mes de Tamuz.
- 20, 26 y 27 del mes de Av Iyar.
- 12 del mes de Elud.

Estos son los días que los judíos siguen teniendo como nefastos, aunque la complejidad del calendario hebreo ha hecho que el cálculo de sus fechas se convierta en objeto de estudio matemático, pero aquí quedan señalados estos «supuestos días» en los que el *Ain Hara* puede ser más intenso.

LA ANTIGUA ROMA

El filósofo y jurista romano Cicerón decía: «El rostro es el espejo del alma, y los ojos, sus delatores».

En relación con esta frase, muy similar a la que decía Platón, gira la filosofía, que en todos los tiempos enmarca perfectamente el pensar avanzado de un gremio de la sociedad, y dado que, a lo largo de la historia, hemos estado cambiando constantemente nuestros esquemas socioculturales y religiosos, resolver la verdad absoluta o la verdad relativa respecto a que el rostro es el espejo del alma, y los ojos, sus delatores, es prácticamente insuficiente y depende de múltiples factores a analizar. La civilización romana se comportó ante el tema del mal de ojo como una parte de la vida diaria, y, es más, su política era básicamente absorber cultos de otros pueblos y deidades, ya que creían que conservarlos promovía la estabilidad social.

Relieve apotropaico de Leptis Magna, en Libia.

La civilización romana se convirtió en uno de los mayores imperios del mundo antiguo. La antigua Roma ha sido considerada la superpotencia del Mediterráneo, contribuyó enormemente en la cultura, en el desarrollo del arte, la literatura, la ciencia jurídica y la arquitectura, pero a su vez también contenía reductos de creencias más antiguas que estaban en vigor en aquel tiempo y que eran muy tenidas en cuenta.

La gente adinerada de la época era muy supersticiosa. En general, todo el pueblo romano tenía bastantes manías; eran muy idólatras de sus cultos, por eso se volvían en ocasiones fanáticos. Los romanos tenían la creencia de que incluso el mal de ojo se podía transmitir por herencia y que la capacidad de transmitir el mal no solo la tenían los hombres o los animales, sino también los seres míticos.

En aquel tiempo había muchas acusaciones movidas por la envidia de gente que les deseaba mal por no poseer lo que ellos sí tenían. Ellos vivían muy preocupados por sus vidas cotidianas y tenían horror a la mala suerte. Según nos cuenta el mito, se dice que se pasaban el día «tocando madera». ¿Reconoces esta expresión, «tocar madera»? Pues de ahí viene esta acepción, ya que la madera de roble era considerada y consagrada como el hogar de los dioses, y por ello donde habitaba el dios, lugar en el que cualquier mortal podía sentirse bajo protección y seguridad; de hecho, los romanos veneraban a Júpiter incluso en el roble sagrado que había en el Capitolio.

Según el historiador romano Plinio el Viejo:

> Nada hay más sagrado para los druidas que el muérdago y el árbol en el que crece, especialmente si se trata de un roble. Ellos escogen robledales para establecer allí sus árboles sagrados y no practican ninguna ceremonia sagrada sin usar ramas de roble. Cualquier cosa que crece en las ramas del árbol ha sido enviada por los cielos, e indica que el árbol ha sido elegido por Dios.

Un estudio de la Universidad Carlos III de Madrid nos dice que la gente más pudiente solía tener en el acceso a su residencia mosaicos para ahuyentar el mal de ojo, que hacían el efecto apotropaico[13] que aleja los malos espíritus. Un ejemplo de ello podría ser un ojo atravesado por una lanza y rodeado de animales, como también otros diseños de personajes de la mitología con grandes falos.

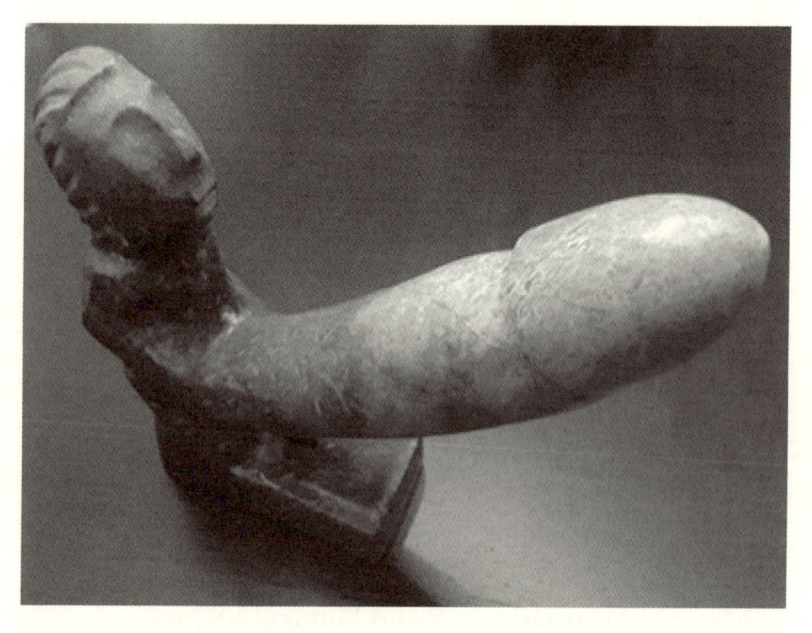

Representación de Príapo. Amuleto personal adquirido en Pérgamo. Turquía.

---

13 Efecto apotropaico es un término antropológico para describir un fenómeno cultural que se expresa como mecanismo de defensa mágico o sobrenatural evidenciado en determinados actos, rituales, objetos o frases formularias, consistente en alejar el mal o protegerse de él, de los malos espíritus o de una acción mágica maligna en particular. El término deriva del verbo griego αποτρέπειν (*apotrépein*, «alejarse»), y se relaciona fundamentalmente con la necesidad psicológica de hallar cierta seguridad ante lo incierto y desconocido, lo que comúnmente se relaciona con lo peligroso y posiblemente dañino.

En torno a este tipo de representaciones fálicas de gran tamaño había todo un culto a lo largo de las diferentes culturas, y no solo en el Mediterráneo, con la cultura egipcia o la grecorromana, sino que también en la antigua India estas esculturas aludían a la fertilidad y a los principios abstractos de creación.

Hoy en día se suelen ver en lugares arqueológicos y en museos representaciones apotropaicas en mosaicos, en estatuillas, en esculturas de grandes proporciones fálicas, en cuadros, y todo esto se encuentra a lo largo y ancho del planeta —Pérgamo, Éfeso, Túnez, Cartago, Roma, Pompeya, Egipto—, solo hay que tener los ojos bien abiertos para poder localizarlos.

Uno de los símbolos más importantes dentro de estas creencias era el *fascinus*, un falo que podía presentar gran diversidad de modificaciones y añadidos. Su origen es muy antiguo, asociado al dios griego de la fertilidad, Príapo, que en el mundo romano solía denominarse Fascinus, o asociado a Baco.

Príapo era una antigua divinidad grecorromana que se representaba como un pequeño hombre barbudo, normalmente un viejo, con un pene desproporcionadamente grande. Su mayor presencia estaba en el mundo rural, puesto que era el símbolo del instinto sexual, de la fecundidad masculina, y el protector de las huertas y jardines. En este sentido, la población rústica empleaba esta deidad y sus representaciones como fórmula mágica para neutralizar el mal de ojo contra la envidia de las personas y para potenciar la sexualidad.

La envidia solía ser el principal motivo del mal de ojo, conocido como *invidere*. Por todo el Imperio romano se creía que el poder de la envidia, de «mirar con malos ojos», podía atraer el mal de ojo sobre una persona. Por ese motivo, durante el desfile del Triunfo, las vestales colocaban colgantes de *fascinus* bajo el carro, para proteger al general triunfador de la envidia que muchos podrían tenerle, así nos lo cuenta la historia.

EL MUNDO MEDIEVAL Y LA IGLESIA

Entre los siglos XV y XVII aparece la necesidad del pueblo aristocrático de conocer qué había de cierto en el aojo. De ahí que esta sociedad distinguida pidiera a los círculos más intelectuales universitarios que investigaran en el tema y en todo este tipo de creencias, aportando datos que los eximieran de ser considerados supersticiosos, pues eso solo podía ser concebido en las clases más bajas, y también porque a su vez estos tratados, al ser prescritos por afamados médicos y teólogos, no podían ser considerados heréticos ni desviados de la doctrina eclesiástica.[14]

Uno de los documentos históricos más conocidos e importantes para señalar es el *Tratado de la Fascinación o del Aojamiento* que en 1425 escribió Enrique de Villena[15], prolífico investigador y tratadista en medicina, arte y astrología, donde, además de detallar el origen de dicho mal, hace un profundo estudio de investigación, prevención, diagnóstico y tratamiento.

---

14 Sanz Hermida (2001).
15 Enrique de Villena (1384-1434). Noble castellano de sangre real nacido en Torralba de Cuenca. Llamado el Astrólogo o el Nigromante, fue maestre de la Orden de Calatrava y uno de los primeros humanistas españoles. Algunas de sus obras son *Tratado de la lepra* (1417), *Tratado de la consolación* (1423), *Tratado del aojamiento* (1422-1425) y *Libro del Ángel Raziel*, destruido en la hoguera por considerarse impío.

No solo Enrique de Villena dedicó años de su vida a este tratado, también y con anterioridad Arnaldo de Vilanova[16] —el médico de reyes y papas, y profesor destacado de la mejor facultad del Medievo—, entre su extensa biografía, habla de la «fascinación», término que descubrió el teólogo y filósofo Alberto Magno[17] del médico, filósofo y científico persa, nacido en el 980, Avicena[18].

Arnau de Vilanova, uno de los médicos más importantes del mundo latino medieval, e implicado en política y religión, en uno de sus extensos pasajes dedicado a las faculta-

---

16 Arnaldo de Vilanova (1242-1311). Médico, teólogo, religioso y reformista social, nacido en Valencia (España). Fue médico de tres papas, de Pedro III y de Jaime de Aragón, y considerado como el mejor médico del siglo XIII. A su vez, también fue objeto de proceso por sus ideas apocalípticas. Apeló al papa, pero este lo hizo encarcelar temporalmente.
17 San Alberto Magno fue sacerdote, destacado teólogo y filósofo nacido en Alemania en 1206, su discípulo fue santo Tomás de Aquino. La actividad de Alberto Magno fue más filosófica que teológica, y se enfrentó a la Iglesia de su tiempo para introducir el pensamiento de Aristóteles, ya que él profundizó en la filosofía Aristotélica. Sus libros sobre botánica, zoología y minerales incluían información de fuentes antiguas y empíricas. Creía que las piedras tenían propiedades ocultas, aunque en su obra *Mineralibus* no las especificara. Y además se le atribuye ser el descubridor del elemento químico de la tabla periódica del arsénico en el año 1250.
18 Abu'Ali al-Husayn ibn'abd Allah ibn Sina (Bujará, 980 – Hamadán, 1037). Médico y filósofo persa considerado, junto con Averroes, la más destacada figura de la filosofía árabe medieval. Los trabajos de Ibn Sina (Avicena es una latinización de su nombre) abarcaron todos los campos del saber científico y artístico de su tiempo e influyeron en el pensamiento escolástico de la Europa medieval, especialmente en los franciscanos.

Estudió medicina durante su adolescencia, hasta recibir, con solo dieciocho años, la protección del príncipe Nuh ibn Mansur, lo cual le permitió entrar en contacto con la biblioteca de la corte samánida. Entre sus obras más conocidas, destaca *Kitab ash-shifa'* (*Libro de la curación*), un extenso tratado que versa sobre lógica, ciencias naturales (incluso psicología), el *quadrivium* (geometría, astronomía, aritmética y música) y sobre metafísica, donde se refleja la profunda influencia de Aristóteles y, en ciertos aspectos y a través del neoplatonismo, de Platón (Ruiza, M.; Fernández, T., y Tamaro, E., 2004: «Biografía de Avicena», en *Biografías y vidas. La enciclopedia biográfica en línea*. Barcelona, España).

des ocultas, dice que hay personas que, por la posición de los astros en el instante de su nacimiento, adoptan ciertas propiedades mágicas, así como espíritus y vapores que corrompen con más facilidad a los cuerpos puros, como a los niños, y con esto resulta ineluctable hablar de la *fascinatio*.

Un teólogo inglés de la Orden franciscana, Roger Bacon, conocido a título póstumo como «doctor admirable» y nacido en 1220 aproximadamente, ya que no es certera su fecha de nacimiento, desarrolló en varias de sus obras[19] que dicho fenómeno se explica por una facultad de una persona nacida bajo una mala constelación, y a través de la porosidad de sus ojos contamina a su entorno. Y que es falsa la creencia de magos y hechiceras de que quien quisiera podría, en todo momento, poseer el poder de la fascinación solo con la fuerza de la palabra.[20]

Otra personalidad notable, el médico de Cristóbal Colón, el sevillano Diego Álvarez Chanca —de formación académica excepcional y miembro del círculo cortesano de los Reyes Católicos, que por deseo expreso acompañó a Colón en su segundo viaje al Nuevo Mundo, iniciado desde el puerto de Cádiz el 25 de septiembre del año 1493, y considerado como el primer médico que ejerció en el Nuevo Mundo—, publicó en 1502 en Sevilla un nuevo tratado, un estudio clínico sobre el veneno que transmite la

---

[19] Roger Bacon, *Opus maius*, I, pp. 398-399, y *Opus tertium*, I, p. 98. Es considerado por algunos como el autor del *Manuscrito Voynich*, debido a sus estudios en los campos de la alquimia, astrología y lenguas. De entre su extensa bibliografía, he de destacar, por el tema que trata el libro, *Si las miradas mataran*, que no permaneció indiferente a los problemas de la metafísica de su tiempo, antes bien, trató con cierta originalidad los de la materia y la forma y algún otro, pero tendió a darles una solución nominalista y como si dijéramos antimetafísica. Su frase más famosa fue: «La matemática es la puerta y la llave de toda ciencia» (Torre de babel Ediciones).

[20] *Magia, superstición y brujería en la Edad Media*. Ed. a cargo de Iñaki Bazán.

mirada, aunque Diego Álvarez Chanca era un facultativo que, movido por su interés de conocer los entresijos de esta dolencia, se percataba muy mucho a la hora de diagnosticar el mal de ojo.

Según el jurista y escritor Nicola Valletta (1789), «los envidiosos atacan con la mirada y no apartan jamás los ojos de la felicidad y del bien de los otros»[21]. Asimismo, dice que, en su mayoría, este mal es causado por las mujeres, principalmente las que están menstruando, las ancianas, las que tienen alguna deficiencia ocular, como, por ejemplo, el ojo velado, lo que hoy podemos conocer como la enfermedad del glaucoma, y que las víctimas son niños especialmente, mujeres embarazadas y mujeres bellas, con la particularidad de tener un cabello bonito. Y que el daño es mayor cuando existe la intervención demoníaca, porque puede haberla en algún caso.

En la España renacentista se tenía especial interés por esta psicopatología popular. Por un lado, estuvo estrechamente ligada a la Iglesia, que en su enfoque aseguraba que todo se debía a un hechizo brujeril, a un arte diabólico; sin embargo, si indagamos en los escritos del Nuevo Testamento, por ejemplo, Pablo en su carta a los gálatas menciona la «fascinación»[22]. Pero, ante esta Epístola del

---

21 Nicola Valleta (Arienzo, 1750 – Nápoles, 21 de noviembre de 1814) fue un jurista y escritor italiano. La obra que lo hizo más popular fue *Cicalata sul Fascino*, en la que presentó la figura del *jettatore* (persona que tiene mal de ojo o que trae mala suerte; hombre maléfico que con su presencia produce daño a los demás).

22 «¡Oh gálatas insensatos! ¿Quién os ha fascinado o hechizado para desobedecer así a la verdad…?». En la argumentación de Pablo de Tarso, los «falsos maestros», que estaban propagando «otro evangelio» en el seno de la comunidad de creyentes gálatas en Asia Menor, ejercían una influencia nefasta sobre ellos, por medio de una forma específica de hechizo conocida como «mal de ojo». Aunque esta expresión ha sido interpretada como una alusión figurada al abrupto cambio de actitud

apóstol san Pablo a los gálatas, la Iglesia consideraba que este mal existía, pero a lo que se refería Pablo era al alejamiento de Dios. Curioso, ¿no os parece?

En el Nuevo Testamento, también encontramos la concepción de la Biblia hebrea sobre el «mal de ojo», y aparece nítidamente presentada en Mt. 20.15[23]. Este versículo expone que el mal de ojo está vinculado a las intenciones de una persona envidiosa.

Y por otro lado, en el tiempo del Renacimiento fueron los que regentaban cátedras, por ejemplo, de Teología, clérigos o estudiosos, y catedráticos en Medicina de la talla de Antonio de Cartagena, que fue uno de los médicos del emperador Carlos V, quienes ahondaron en este tema y llegaron a conclusiones como la de que el aojamiento se trataba de una acción perniciosa de un hombre contra otro por sus ojos airados. En realidad, aquella época del Renacimiento estaba muy influenciada por cantidad de diversos tratados dispares y pasajes extensos que bebieron de muchas fuentes distintas, y después todos ellos fueron modificados bajo el filtro de la religión y del momento social de la época, y que bien dejaron a un lado toda la sabiduría ancestral o parte de ella, a la que también podemos llamar «magia natural».

---

de los gálatas, probablemente constituya una clave muy importante para comprender la dinámica de los conflictos que se desarrollaban en el seno de esa Iglesia.

La creencia en el «mal de ojo» era algo común en el mundo mediterráneo durante esa época (50 a 56 d. C.). Reconociendo este hecho, Pablo les preguntó a los gálatas si no habían sido «embrujados» o hechos víctimas de algún «maleficio», «confundidos» o aun «pervertidos» por esos «falsos maestros». El apóstol utilizó un vocablo y un concepto bien conocidos para presentar su mensaje: con su acusación de «mal de ojo», Pablo lanzaba una fuerte ofensiva dirigida a reducir la influencia y el poder de los «falsos maestros».

[23] «¿O ha de ser tu ojo malo o envidioso porque soy bueno?» (Mt. 20.15).

En conclusión, en el mundo medieval, como también en el Renacimiento, se deduce en gran medida que el daño es causado por la mirada y que, tras este influjo, se encuentra la envidia.

España está plagada de lugares mágicos, santuarios prehistóricos, signos de civilizaciones, inscripciones, santos curiosos, fuentes milagrosas, montes sagrados, cultos ancestrales, monasterios, cuevas, capillas ocultistas, y repleta a su vez de mitos y leyendas míticas que destilan un poder y un saber ancestrales que no se deben menospreciar; de hecho, esas virtudes paganas y enclaves telúricos han sido los cimientos sobre los cuales se ha construido una fe distinta. Y como muestra, podemos ver que todavía en ciertos lugares santos, ermitas y en algunas iglesias se siguen realizando ritos litúrgicos en los que los clérigos consagrados ponen en práctica con los feligreses oraciones para quitar o atar al mal.

Un ejemplo de ello es la parroquia de San Pedro de Tomeza (Pontevedra), que goza de una fama que la caracteriza porque san Cibrán, un santo milagrero al que se honra allí, curó el mal de ojo a cientos de personas. En la actualidad siguen yendo romeros en lunes de Pascua a dar nueve vueltas a la capilla y a tirar pequeñas piedrecillas que tienen que recoger de los alrededores y que lanzarán al tejado de espaldas en cada una de las vueltas. Como cuenta la tradición, si estas llegaban a la techumbre, les quitaría el *meigallo* o «mal de ojo».

Según mis últimas investigaciones, desde hace unos años se pone una caja junto a la puerta para que los romeros lancen allí sus piedras y no destrocen el tejado de la pequeña capilla. Puesto que es tradición, los asistentes se esmeran en seguir el ritual para espantar el *meigallo* y las fuerzas del maligno.

También en el santuario de la Virgen de O Corpiño, a quince kilómetros de la villa de Laín, en Pontevedra, acuden los días 23 y 24 de junio, para arrojar de su cuerpo el mal de ojo, aquellos que creen estar afectados por dicho mal.

Es curioso, pero todavía perduran estas creencias paganas en los lugares de culto religioso, y por lo tanto, en conjunción, también tenemos infinidad de hombres santos proclamados desde Roma a los que rogar para que intercedan en la sanación y rompan el mal, como son, por ejemplo, san Luis Beltrán, san Benito y san Cipriano.

San Jorge y también san Miguel arcángel siempre han sido guerreros cuya luz ha triunfado sobre las tinieblas de la negatividad.

Basándonos en las directrices de la Iglesia, la solución a todos los males llega orando a los mártires, santos y teólogos que ellos proclaman —incluso a los que han cambiado de hábito, santos reinventados, pues algunos de ellos pertenecían a otra religiosidad mucho más antigua—, y con esta maniobra apartan y prohíben los demás cultos y creencias; de hecho, fue así como a su vez fueron sustituyendo enclaves y templos paganos en santuarios cristianos. Y reitero, lo mismo sucedió con las doctrinas dispersas, mitos religiosos o cultos que fue recopilando, adoptando y variando según sus convicciones. Está claro que la devoción y la fe obran milagros, pero la apertura de consciencia, más.

2.
¿ES REAL EL MAL DE OJO?

Todo el círculo que rodea al mal de ojo está encerrando unas grandes dosis de magia, de factores mentales, de control psíquico, de influencias externas y de mucha tradición oral y simbólica. Ante este conjunto de dinámicas, el estar bajo el dominio de la fuerza de la *fascinatio* siempre fue una de las preocupaciones de otros tiempos, pero que ha llegado hasta nuestros días, aunque deformada.

Está más que claro que en todas las civilizaciones anteriores se ha tenido en cuenta la existencia del mal de ojo. Ahora bien, ¿pensamos lo mismo en esta época, en pleno siglo XXI?

Hay investigaciones antropológicas que dicen que hoy en día no se cree en lo que etimológicamente indica el concepto «mal de ojo», ya que la lingüística histórica ha evolucionado y contempla la idea de que el llamado «mal de ojo» solo forma parte del ámbito rural, de otra época y de otro modelo de sociedad o de personas, como brujas, hechiceras, determinadas etnias, etc., que ya no existen como foco a señalar; de ahí que ese concepto que ha englobado al mal de ojo no tenga nada que ver con la época actual, pero sí que existe la creencia de que una o varias personas, siempre del ámbito más cercano (familiares, conocidos, amigos o compañeros de trabajo), por envidia, por desearte mal, o por el mero hecho de halagarte en exceso, pueden producir cierto decaimiento, ruina o malestar, así que yo diría *grosso modo* que, si no es lo mismo, por lo menos se asemeja.

La creencia tiene la misma raíz, pero ahora viene disfrazada con otro traje, al que llamamos, por ejemplo, «gente tóxica», «vampiros psíquicos», «personas muy egoístas», «gente sin escrúpulos»..., que no dudan en acometer sus intereses de la forma que sea. Quizá este tipo de personas sea más habitual de lo que creemos en estos tiempos y sean los nuevos aojadores.

Un detalle comprobado es que hoy en día creer (o no) o admitir que existe esta dolencia y que es capaz de degenerar la salud de una persona no crea tanta paranoia y no tiene tanta importancia como la tenía en tiempos remotos.

El mal de ojo en la actualidad ha mutado, se ha transferido y sobrevive con patrones distintos. Ya no es como antes, en que no solo la envidia de cualquier persona pudiera causarlo, o cuando la figura de la bruja hechizara con conjuros demoníacos. En la actualidad, el mal de ojo tiene menos intencionalidad, y su fuerza tiene que ver sobre todo con la «pasión humana»; de ahí que los investigadores menos ortodoxos contemplen otras posibilidades que pueden ser los causantes o detonantes de esta influencia nefasta.

La vulnerabilidad psicoemocional es uno de los factores a investigar, pues aparentemente conduce hasta la raíz de esta cuestión.

Universitarios con titulación, urbanitas, políticos, médicos, financieros, amas de casa, arquitectos, maestros, ejecutivos o gente de a pie, que a su manera creen o han oído hablar del mal de ojo, porque sigue estando en el inconsciente colectivo, temen a las miradas de otros seres humanos cuando estas son incisivas, ya que el miedo a la mirada fija o a esa mirada que se clava y hiela el alma es universal. ¿Quién no se ha sentido observado e incomodado por alguna mirada en algún momento de su vida? Pues bien, sentir esa mirada clavada en ti es suficiente para generar un cambio energético que provoca vulnerabilidad y es bastante para producir alteraciones psicoemocionales. Y esa es la base fundamental, la fragilidad emocional, para vislumbrar cómo le abrimos la puerta e interactúa esta fuerza inarmónica de la mirada y que no excluye a ninguna escala social en la actualidad.

Como acabamos de ver, podemos percatarnos del influjo de esa mirada, aunque la mayoría de las veces no es así; por lo tanto, cuando nos sentimos afectados de los posibles síntomas del aojamiento, y sobre todo cuando alguien deja caer la sospecha del aojamiento, y aunque no se crea en esa posibilidad, la persona que es más susceptible o que piense: «A ver si es verdad, y tengo mal de ojo», suele ir en busca de terapeutas, curanderos, sobre todo mujeres, o personas religiosas que posean la fórmula que les ahuyente esa mala racha o perturbación, por si acaso, por si es cierto.

Pero aquí está la pregunta. Si hoy en día también se cree en esta influencia negativa, ¿cómo enfrentarnos a este mal?

¿CÓMO ENFRENTARNOS A ESTE MAL?

Adentrémonos primero en el estado emocional, en el estado anímico, porque los pensamientos y las emociones influyen mucho en nuestro estado de salud y en cómo se suceden las cosas. Y a pesar de que debemos tener cuidado con el supuesto mal de ojo, no debemos volvernos paranoicos o sugestionarnos demasiado con el tema, porque una persona que está angustiada o está constantemente preocupada por si le han echado o no este mal tiende a temer, y es entonces cuando todos sus miedos se volverán en su contra, pudiendo así desencadenarse los mismos efectos y daños que los producidos por el aojamiento.

Si ya he dicho por activa y por pasiva que la envidia es uno de los detonantes, se ha de tener en cuenta que hoy en día la ira es la hermana gemela. ¿Quién no ha sentido esta particular emoción? ¿Quién no ha sentido una mirada punzante por envidia o por venganza? El mundo está lleno de buenas personas, pero también de gente insatisfecha y cargada de desamor y de emociones densas, como la ira, que no encuentra una vía de escape.

Hoy sabemos que la envidia es sumamente peligrosa y no solo atenta contra los demás, sino que ejerce un poder destructivo contra uno mismo, y que a su vez despierta una serie de comportamientos que desembocan en un vacío y en una carencia de autoestima que, a la larga, tiene unas reacciones a nivel mental e incluso físico. Así que puede, y aquí dejo esta idea, que el «mal de ojo» se revierta hacia sí mismo casi de manera inconsciente por estas conductas que desafían nuestra responsabilidad. ¿Habíais pensado en esta opción?

Frustración, indignación, irritación, rabia y hostilidad son los detonantes del dolor emocional.

Te recuerdo que la sociedad hebraica aconsejaba hacer examen de tu carácter para que analizaras las malas cualidades de tus emociones y actos, y para que contemplaras la posibilidad de que fueras tú un aojador en potencia. Pero lo que no te advertían claramente es que incluso tú mismo podías causarte infortunio, pero no por nada oculto, mágico o extraño, sino porque tu percepción de la vida y de experimentarla con ese tipo de pensamientos emocionales abusivos y viscerales te avoca inevitablemente a un cuadro de enfermedad, depresión y circunstancias adversas.

¿CÓMO SON LOS AOJADORES?

Si algo preocupa a aquellos que creen en el mal de ojo, o lo padecen, o piensan que están aojados, es la forma, primero, de quitarlo; segundo, de prevenirlo o protegerse de él, y tercero, de saber quién se lo causó.

En este libro expondré algunas de las fórmulas que han llegado hasta mí tras un profundo trabajo de investigación y que se utilizan para quitarlo, pero hay algo importante que tengo que decir antes de llegar a ese punto. Hay personas muy supersticiosas, y el temor a este mal las hace todavía más sensibles y recelosas de padecerlo. El miedo y la desazón es uno de los males mayores que podemos padecer, y estar constantemente pensando en quién nos quiere mal o quién nos puede causar el aojamiento es vivir en la obsesión que sabotea tenazmente la felicidad y la paz interior.

No obstante, hay una parte en el ser humano quizá alojada en su inconsciente que sabe cuál es el origen de este trastorno, y me voy a explicar. Por inercia, la mayoría de personas son recelosas y temen perder todo aquello que consiguen, ya sea por méritos propios, por un golpe de suerte o porque la vida les pone las oportunidades en bandeja. Cualquier cosa que posea, ya sean bienes materiales, talento, éxito, buena suerte o belleza, puede ser objeto de envidia o, mejor dicho, de envidiosos, y sabe que ese poder es capaz de darle la vuelta a una situación, a una buena racha; de ahí que muchas personas piensen: «¡No me lo puedo creer! ¡Todo me va bien, a ver cuánto dura esta felicidad!», como pensando que, en un momento dado, la suerte o la buena estrella puede cambiar, y he de decir que esta forma de autoboicot en realidad lo único que hace es llamar al infortunio. Así somos los seres humanos, nos extrañamos cuando gozamos de una buena racha y de que las cosas funcionen. Tenemos miedo constante y estamos a la expectativa, pensando que esa prosperidad de un momento a otro cambiará. Aunque no es de extrañar pensar de forma negativa, ya que lo políticamente correcto en una sociedad que tiende a condenar el talento y el éxito ajeno es pensar de ese modo, que la suerte puede cambiar, inclinándose a ver esa parte de oscuridad como la opción con más posibilidades.

Y ahora, vayamos a identificar a las personas que supuestamente podrían ser aojadores para prevenirnos en la medida de lo posible.

Culturalmente, es desde el Cercano Oriente donde se crean una serie de características que siguen estando presentes y que nos indican que este mal por regla general lo suelen provocar personas hostiles y envidiosas que actúan al margen de los códigos culturales y morales. Se caracteriza porque, en la mayoría de los casos, los aojadores recibían esta facultad de sus antepasados, o sea, que por una parte es heredada. Unos lo provocaban conscientemente, pero también los había que inconscientemente eran capaces de lanzar este mal. A su vez, se decía que cualquiera bajo la influencia de una actitud irascible podía igualmente causarlo.

El aojamiento es una creencia extendida desde la Antigüedad. El origen del mismo parte del poder otorgado desde siempre a la mirada, y no solamente la humana, sino también a la mirada del animal, especialmente a la de las aves.

Las miradas transmiten fielmente lo que pensamos, y por ello en los casos de envidia existe la creencia de que una mala mirada puede transmitir el deseo maligno del individuo hacia aquel al que está observando. Y está presente en las sociedades evolucionadas y también en las primitivas, tanto en nuestros días como lo estuvo en el pasado.

Como ya he mencionado en los apartados anteriores, hay un perfil bastante exhaustivo que ha llegado hasta nuestros días proveniente de todas las culturas, en las que se retrata cómo podían ser las personas que lanzaban el mal de ojo. Pero, por favor, solo enumero lo que se daba por sentado, y que esto no sirva hoy en día como precedente, como repulsión o pensamiento xenófobo hacia ciertos grupos sociales y razas.

Siempre se ha creído que las clases marginadas eran un colectivo que podía, por sus carencias, a través de la mirada poseer esa envidia maligna. Se temía a los mendigos, por eso, sobre todo en la Edad Media, eran llevados a extramuros. Y también temían a los gitanos por su mirada profunda y por sus maldiciones, e incluso en la actualidad se sigue teniendo cierto recelo a sus anatemas.

En la Edad Media, se temía a las ancianas del bosque, a las que vivían apartadas, a las mujeres que estaban menstruando o a las mujeres menopáusicas.

Desde todos los tiempos nos llegan estas declaraciones de temor a las mujeres, sobre todo si tenían los ojos velados o padecían problemas oculares; de ahí el uso de la expresión «Parece que te ha mirado un tuerto» cuando las cosas se tuercen o se pasa por una mala época, ya sea económica o de salud.

Las brujas de doble retina en la misma órbita ocular y las mujeres con ojos de diferente color han sido muy temidas a lo largo de la historia, porque se decía que tenían doble poder de aojar.

También las personas con un solo ojo, o con un solo brazo, con un mal o tara física, como, por ejemplo, las mujeres jorobadas o con calvicie, formaban parte de un patrón especialmente impopular.

Otra identificación dada a conocer y muy notoria desde tiempos remotos era el hecho de que a las aojadoras se las reconocía habitualmente porque eran mujeres con ojos azules, y de ahí se suponen el dicho y el mito que ha llegado hasta nuestros días de que las personas con ojos azules son traicioneras por naturaleza y que uno no debe fiarse de ellas. Aunque en el Oriente Medio cambia el perfil, eran las mujeres con los ojos verdes las que tenían la capacidad de inducir el mal de ojo. Y algo importante, que el poder del aojador reside sobre todo en el ojo izquierdo. Así lo revelaban los israelitas y los antiguos egipcios.

A su vez, en el antiguo Egipto también había una condición particular, un aspecto físico que estimulaba esta creencia. A todo aquel que tenía el cabello de tonalidad rojiza se le asociaba al dios Seth —señor del caos, dios de la sequía, que desempeñó el papel de hermano envidioso, representante del mal— y al dios Apofis —el antiguo espíritu egipcio del mal, la oscuridad y la destrucción—. Estas personas eran menospreciadas, casi tratadas como apestadas por su condición y asociación a los poderes maléficos.

En realidad, todo aquel que era diferente poseía la capacidad de provocar el mal de ojo. Pero hoy en día todas estas marginaciones y características que se tenía para distinguir a los aojadores, reconocerlos y señalarlos incluso públicamente son argumentadas en base a religiones primitivas, imaginación popular y creencias. En la actualidad, este tema parece excéntrico y hasta paradójico, y las cosas han quedado en meras supersticiones, o no, quién sabe. Lo que sí podemos observar claramente es que la mujer era la mayor sospechosa. ¿No os parece curioso este dato bajo el dominio de una sociedad tremendamente patriarcal?

Cierto es que, si creemos todavía que las personas lo causan, tengamos o pongamos, como se suele decir, en «cuarentena» algunas de estas observaciones.

EL HECHIZO DE LA LUNA

No podemos obviar la presencia de la luna y cómo esta nos afecta tanto a los humanos como al movimiento de las mareas y a todos los seres vivos, ya sean animales o vegetales, que hay sobre el planeta Tierra.

Desde los primeros tiempos de la historia, la figura femenina ha ido asociada a la luna, y la figura masculina, al astro rey, el sol. Por eso no podemos desvincular lo femenino de la luna, debido a su carácter cíclico y cambiante. De hecho, la diosa griega Hécate representaba a la luna nueva; Selene, a la luna creciente, y Artemisa, a la luna llena, y eran todas ellas divinidades lunares.

Asimismo, cuando la luna está en su fase de luna llena, se ha asociado a periodos de máxima fertilidad, también con la gestación, el parto y las enfermedades mentales. Pero, dejando a un lado toda esta información que ya tenemos asimilada, hay otra reseña que queda un tanto escondida entre las leyendas y los almanaques de las curanderas y que, aunque parezca extraño, en esta época siguen en vigor.

Quiero hablaros de una expresión que se utiliza en la provincia de Extremadura, en donde hay un extenso historial en cuanto a la expresión «Estar cogido por la luna», que está relacionada también con el «mal de ojo», porque los hechizos de la luna y su claridad plateada siempre han tenido el poder de atrapar magnéticamente a las miradas, haciendo que la mente entre en un estado de trance o hipnotismo que altera el estado mental de las personas. Pero siempre, y desde los mitos y tradiciones más antiguas, sobre todo en los ámbitos rurales, se han tenido presentes ciertos dichos o recomendaciones, que, de pasarlos por alto, traían sus consecuencias nocivas. Por ejemplo, la gente quedaba «cogida por la luna», sobre todo los bebés hasta los dieciocho meses, pues eran los más propensos si la claridad de la luna que se filtraba por las ventanas o por las puertas los rozaba, entonces la tez de los lactantes se volvía blanquecina y no dejaban de vomitar. Los síntomas en los adultos eran similares a los que se tiene en un aojamiento: debilidad, cambios de carácter, mareos o malestar general repentino; a eso se le llamaba en Extremadura «estar alunado» y, en su fase más aguda, «quebranto».[24]

En la región de Castilla-La Mancha, y recordado por mi familia materna —por cierto, linaje de curanderas, parteras y magas—, se decía algo que yo todavía tengo muy presente. Y es que jamás se debía dejar la colada tendida en noche de luna llena, ya que la ropa puede quedar alunada y después la persona que se la ponía entraba en un estado de abatimiento, tristeza y apatía bastante grave, y el único remedio, o uno de los más efectivos, era llevar toda la ropa

---

24 *Extremadura secreta*, Israel J. Espino.

expuesta a la luz lunar a un arroyo para dejar que la corriente del agua se llevara el alunamiento.

Lo curioso del tema es que las personas que tenían el don o la gracia de quitar tanto el aojamiento como el mal de luna eran *ex professo* mujeres. Y quitaban estos males por medio de la fe, de la observación del proceso y de la oración silenciosa. Para anular estos males, se recitaban, siempre en silencio, una serie de oraciones que aprendían, pasándolas de generación en generación. La más adulta le confería a la más joven la jaculatoria, que debía aprender de memoria, y debía ser siempre un Jueves Santo o Viernes Santo.

Aquí os dejo la cita, la llamada «oración de la luna» para niños «alunados» o «desinquietos», que debe rezarse realizando las correspondientes cruces:

La maldita luna por aquí pasó, el color del niño (su nombre) se lo llevó.

La bendita luna por aquí pasó. El color del niño (su nombre) lo dejara.[25]

¿POR QUÉ SE TIENE MAL DE OJO? ¿SOLO LO PADECE AQUEL QUE CREE EN ÉL?

Estas preguntas me las han hecho infinidad de veces, y voy a poner un ejemplo real. Una mujer joven me estuvo contando lo que le pasaba a su bebé cuando iba a visitarla una prima suya, porque había comprobado, no por una ni por

---

[25] Grupo de investigación en Humanidades Médicas de la Universidad de Extremadura.

dos veces, que la niña, tras los encuentros con ese familiar, se enfermaba, le subía la fiebre y hasta vomitaba. Entonces fue a una entendida que le dijo que a la niña le habían echado el mal de ojo. Esta mujer le rezó y desaparecieron los síntomas.

Entonces —me pregunto yo—, ¿qué ocurre aquí, porque el bebé no conoce ni está influenciado por la creencia o no de la fascinación?

Como ya he mencionado con anterioridad, el mal de ojo puede ser voluntario o involuntario. En particular, este caso en el que el bebé se enfermaba tras la visita de una persona suele ser debido a los efluvios de las emociones que generan cambios en el sistema energético del visitante en cuestión. Por ejemplo, la ansiedad, lo excesivo, ya sea con carácter positivo o negativo, desestabiliza su campo energético, y los más pequeños (bebés, niños) perciben toda esta clase de estímulos y perturbaciones, ya que ellos están más abiertos a toda la sensibilidad y las emociones que se generan tanto en el rostro de una persona, ya sea a través de la mirada, la sonrisa, los gestos o el tono de la voz.

La tensión emocional, el pensamiento inarmónico que no está en consonancia con la vida, la insatisfacción o la ira son disfunciones que hacen que nuestra energía, nuestro «nivel energético», se deteriore y que podamos ser más propensos a recibir o a fomentar la fascinación.

Cuando hablo del nivel energético, puede parecerte que es un término perteneciente a «la nueva era», pero ya desde la medicina china se contempla el sistema energético del ser humano con sus diferentes planos. El campo energético de cada persona refleja su estado físico, mental y emocional, además de mostrar el grado de integración o adaptación de su entorno, bloqueos y desafíos de la persona en todos los niveles y temas vitales.

En el caso de los bebés o de las mujeres embarazadas, la fascinación sería causada principalmente por la envidia. Nada es más común que hacerse preguntas como si solo aquel que cree en el mal de ojo es el que lo puede padecer, porque, siendo así, sería tremendamente positivo mantener el escudo de incredulidad contra las envidias, origen de este mal. No obstante, se han dado infinidad de casos en los que no ha sido así, y la incredulidad no ha sido suficiente para evitar que el mal de ojo se abriera paso en una persona, y aquí pondríamos en valor y de nuevo nuestra vibración, positividad o negatividad, nuestra vulnerabilidad, nuestra condición física y emocional, ya que, según estén nuestros cuerpos energéticos, podremos vernos afectados por este tipo de influencias. Hay que tener en cuenta que los cuerpos energéticos no están separados entre sí y que todos ellos trasfieren al hombre sensaciones, conocimientos e información. Los pensamientos y sentimientos que no están en consonancia y una forma de vida inadecuada pueden consumir nuestro estado de equilibrio, y entonces aparecen zonas débiles en nuestra aura[26] por las que se nos escapa la energía, por las que se debilita nuestro bienestar y por las que puede penetrar el llamado «mal de ojo».

Ahora vayamos con la otra cara de la fascinación o aojamiento y lo que comporta criticar, hablar mal, mal-decir. Recuerda que la cultura hebraica llama a esto *Leshón Hará*. Esta conducta, aunque no lo creas, produce el llamado

---

26 El aura es la combinación del cuerpo etéreo, emocional y físico, al igual que de la información de nuestras almas, y rodea a la persona como un «huevo de luz» de múltiples capas. Es una energía luminosa o campo electromagnético que rodea a todos los seres vivos y que es imperceptible a plena vista. Parte de lo que refleja el aura es el estado de nuestro cuerpo físico, emocional y etérico. Muchas veces la primera reacción que tenemos hacia alguien o que alguien tiene hacia nosotros tiene que ver con nuestras auras.

efecto *boomerang*; es decir, todo pensamiento que lanzas, proyectas o emites el universo te lo devuelve multiplicado. Resulta similar a la reverberación o eco.

Si cada vez que piensas en alguien al que no ves desde hace tiempo o con quien no puedes ponerte en contacto, y lo haces con preocupación obsesiva o imaginando que puede estar pasándole algo, o incluso que puede estar enfermo, tienes un problema emocional de exceso de negatividad, exceso de preocupación, y eso te lleva inevitablemente a supuestas hipótesis. Y digo esto porque me he topado con alguna que otra persona que, por ejemplo, al no saber nada de ti, lo primero que te pregunta cuando tiene oportunidad de verte o hablar contigo es si has estado enferma. Pues ¿por qué había de estar enferma? ¿No podía haber estado genial, o de viaje? Y al escuchar tu respuesta, todavía se enojan, porque contestan: «Encima de que estaba preocupada por si te pasaba algo...». Irónico, ¿no creéis? Pues bien, como decía, cada vez que proyectamos, estamos sembrando esa realidad, y eso precisamente no es de ayuda ni para uno mismo ni para nadie, porque no olvides que los pensamientos crean realidades.

Todo pensamiento persistente puede modificar nuestra realidad y la de nuestro entorno, inclusive la propia naturaleza. Pero además hay que hacer un autoanálisis no solo para ver cómo nos comportamos con los demás y cuáles son nuestras actitudes —si son posesivas, si son agresivas, si son intolerantes o, por el contrario, no lo son—, sino también para contemplar cómo nos tratamos a nosotros mismos, pues hay un lenguaje no verbal que constituye todo aquello que nos decimos a nosotros mismos casi por inercia y que conlleva pensamientos de limitación sobre todo, ya que la palabra no solo es la que sale de nuestra boca, sino la que nos decimos a nosotros mismos, y que además está cargada de un sentimiento que, en muchas ocasiones, está enquistado por los patrones de pensamiento que hemos ido adoptando a lo largo de nuestra vida. No sirve de nada ser buenos si no se es justo consigo mismo.

Verás como ahora me entiendes mejor. ¿Te suenan estas expresiones?: «Esta persona me pone enferma»; «No tolero…»; «Pobrecita de mí»; «No sirvo para nada»; «Soy incapaz de…»; «Lo veo todo negro», o «Qué tonta soy». Estos son pensamientos que inconscientemente repetimos en nuestra mente y que se convierten en afirmaciones, cambiando tu realidad física y mental, y, por supuesto, generan una alteración en tu estado de salud. Eso implica estar muy próximo a un propio aojamiento, ya que tu «ojo interno» está enviándote reiteradamente misivas para mantenerte en un estado de negatividad continua.

Cuando las personas se dan cuenta de que ellos mismos son los causantes de los males que los aquejan, de pronto les entra un intenso deseo de arreglar las cosas, y, cuando este deseo de cambiar es de profundo compromiso con uno mismo y ejerce una renovación en nuestra actitud, inmediatamente y como por simpatía la ayuda del universo llega, transformándolo todo, para generar más positivismo.

Los seres humanos no solo somos seres que caminamos, trabajamos, reímos, pensamos, sino que también percibimos sensaciones y pensamientos. Yo muchas veces digo que tenemos una gran y potente antena que es capaz de recoger muchas frecuencias. El pensamiento y, por supuesto, los sentimientos viajan por unas redes electromagnéticas, y, aunque la persona que emite esos pensamientos/sentimientos esté a miles de kilómetros, se pueden advertir.

Bien, puedes decirme, por ejemplo, que un pensamiento no se puede medir. Pues no, de momento no se puede, pero sí se puede medir la actividad cerebral cuando se emiten.

Una persona con alta sensibilidad, una persona psíquica, puede sentir esa clase de sensaciones en los poros de su piel, puesto que ciertos pensamientos o sentimientos de los demás tienen un sello de identidad que condicionan y paralizan. Estos son sobre todo los sentimientos de envidia y de ira, y que son percibidos como dardos que drenan la energía.

Un pensamiento insano proyectado hacia ti te estará generando un malestar que sabrás identificarlo, porque es diferente a como te hayas podido sentir por contraer, por ejemplo, una gripe.

Una sensación de inestabilidad, de no tener a dónde agarrarte, una sensación de estancamiento, un nudo en el estómago, una intranquilidad, y todo eso acompañado de muy poca vitalidad, será la señal de que algo no anda bien y que puedes estar percibiendo esas ondas de forma u ondas deformes; vamos, lo que se ha llamado de toda la vida una «mala energía». Y además, si eres suficientemente sensible, sabrás de quién te llega.

Si alguien proyecta o no deja de hablar de ti, y esto sucede a diario, sin ser consciente del daño que hace y del daño que se hace, con juicios y críticas, con pensamientos de envidia, con ira y rabia, tarde o temprano le serán devueltos. Después nos extrañamos de que cierta persona no nos coja el teléfono, que nos evite, que no quiera pasar tiempo con nosotros o que se haya alejado definitivamente de nuestro círculo de amistades. Y es que todo pensamiento, todo sentimiento, de una u otra forma llega.

Hay una premisa que dice lo siguiente: «No hagas a los demás lo que no quieres que te hagan a ti». Aunque a mí me gusta más esta: «Hay que pensar en los demás como nos gustaría que los demás pensaran en nosotros».

Ahora ya sabes por qué se puede tener mal de ojo.

¿QUÉ DICE LA CIENCIA?

Si echamos la vista atrás, los filósofos y los médicos más prestigiosos de la Antigüedad han escrito tratados extensos sobre el tema. Tanto Arnaldo de Vilanova (nacido en El Grao de Valencia en 1240, teólogo, médico y embajador de grandes figuras de la monarquía y del clero de su época) como Diego Álvarez Chanca (primer médico en el Nuevo Mundo), por poner un par de ejemplos, hablaban de la fascinación. Pero ha variado mucho la forma de definir o encontrarle una explicación a lo largo de la historia que va desde la magia y la presencia del demonio en el siglo XIII y que defendían los teólogos, hasta la eclosión mágica y astrológica provocada por la élite de ocultistas del siglo XVIII y algún científico de la época.

Sin embargo, remontándonos más atrás en el tiempo, para Aristóteles había una naturaleza física, los vasos sanguíneos de los ojos transportaban los «espíritus o humores» de las partes internas del cuerpo hacia la superficie del mismo.

En cambio, Hipócrates confirió a la medicina una visión racional, fuera de la magia y fuera de la superstición, postulando que toda enfermedad derivaba de un proceso natural y daba respuesta a un proceso patológico. Aunque siempre se ha considerado a la medicina hipocrática como una medicina holística con base filosófica.

Por ejemplo, los médicos y científicos-sabios egipcios veían al hombre desde tres aspectos muy vinculados entre sí, porque para ellos el cuerpo, la mente y el espíritu eran vitales para tener en cuenta la salud del paciente, ya que la salud física, la salud emocional y el estado espiritual estaban interrelacionados. Hace cuatro mil años ellos ya contaban con médicos especializados que se apoyaban con plegarias y conjuros pertenecientes a la esfera religiosa. Una parte de la medicina egipcia contemplaba la idea de que la persona enfermaba porque el cuerpo era ocupado por seres extraños, seres malignos que perturbaban la salud al inocular sus efluvios envenenados en el cuerpo o en el espíritu humano.

Ellos miraban «el todo» del ser humano, el *ka*[27], el *ba*[28] y el *aj*[29]... ¿Te suena esto, *ka-ba-laj*? Y además, si había algo que tenían muy claro los antiguos egipcios, era que el ser humano se compone de una unidad indisoluble formada por el cuerpo, la mente y la consciencia.

El médico egipcio, que era llamado *sunu* o *sinu*, aplicaba la ciencia, pero también le añadía la magia, todas las invocaciones y rituales, como el empleo de amuletos y talismanes, para poder lograr la curación del enfermo. Ellos convivían complementando la ciencia y las plegarias mágicas, y de esto no hay duda alguna. Conscientes de sus remedios materiales y de sus conocimientos, había un médico para cada dolencia concreta, y de esta forma abarcaban todo lo que le pudiera afectar a un paciente.

---

[27] El *ka* es un componente del espíritu humano, un principio universal inmortal de la vida. Es la fuerza vital para los egipcios, un doble invisible que se insufla en el vientre de la madre mientras concibe y que crea Jnum (dios alfarero que modelaba con lodo del Nilo a las personas, creando su *ka* en el momento de nacer. Dios de la fertilidad).

[28] El *ba* es la fuerza anímica, el alma. El *ba* abandona el cuerpo en el momento de la muerte y asciende al reino celeste. El *ba* y el *ka* eran indisociables, la destrucción del cuerpo implicaba la destrucción del *ba*; de ahí la importancia de preservar el cuerpo una vez fallecido.

[29] El *aj* es una fuerza espiritual de carácter sobrenatural. Parece que el *aj* guardaba cierta relación con la «luz», con un «ser luminoso divino», con la «transfiguración» o, para ser más explícitos, con un «espíritu transfigurado»; en definitiva, con la sustancia del alma humana, transfigurada en luz en contraste con la muerte (*Amigos del antiguo Egipto*). Para los antiguos egipcios, los componentes del espíritu humano eran *ib*, *ka*, *ba*, *aj*, *ren* y *sheut*.

Los científicos de ahora han demostrado por medio de la física cuántica que nuestro cuerpo es emisor y receptor de vibraciones y que todo lo que sucede a nuestro alrededor nos afecta de un modo u otro, y a esto se le ha llamado «epigenética» («más allá de los genes»), que es un término acuñado por Conrad Hal Waddington (1905-1975), biólogo, genetista y filósofo escocés, que explica que no solo la carga genética afecta a nuestros genes, sino que las creencias, la cultura, la nutrición, el estilo de vida y nuestra interacción con el entorno es capaz de modificar nuestro estado de salud, porque la vida es un constante juego de intercambio de sensaciones que tienen un poder que ni imaginamos. Pero, aun con esto, el mundo científico es reticente en dar por sentado que este mal, el «mal de ojo», sea causado por causas externas, y lo atribuye a algún tipo de trastorno mental transitorio, en el que la persona experimenta el desánimo, la apatía o la ausencia de metas.

Y como siempre ha pasado a lo largo de la historia más reciente, la ciencia y las creencias (o los dogmas de fe) han estado contrapuntadas desde hace mucho tiempo.

Pero lo cierto es que, salvando los diagnósticos respetabilísimos en los que existe un problema fisiológico o mental, sigue habiendo muchas personas a lo largo del planeta que de manera súbita les sobreviene la angustia, las cosas les empiezan a ir mal y no le encuentran ninguna razón. La mayoría de las veces no saben qué les está ocurriendo, aunque sienten que hay algo que escapa de su control que ha hecho que las cosas se torcieran, bien en el ámbito familiar, en el personal, en el económico o en la salud.

La pura realidad es que la ciencia se basa en unos postulados que permiten fundamentar aquello que se ve y que se comprueba, pero hay cosas que no se pueden comprobar hasta el momento, pero ello no significa que no existan. Así que tengamos siempre la mente abierta y sigamos aprendiendo y avanzando por el bien común.

LOS OJOS. LAS VENTANAS DEL ALMA

Angelus Silesius, poeta religioso del siglo XVII, afirmaba que «el alma tiene dos ojos, uno mira el tiempo y el otro está vuelto hacia la eternidad».

Los ojos son las ventanas del alma. Hemos escuchado esta frase infinidad de veces, y es cierta. En los ojos y desde los ojos se pueden descubrir todos los sentimientos humanos, y sin saberlo somos grandes lectores de lo que reflejan las miradas; si no, fijaos cómo las distinguimos, porque no es lo mismo la serenidad de unos ojos cuando la persona está relajada o tranquila que otra mirada que transmita terror. Sin dudarlo, no existe, a mi modo de ver, otra parte del cuerpo que refleje tan bien cómo permanecen nuestros sentimientos. Hay ojos que nos infunden confianza; otros, rechazo. Los hay seductores, y, por supuesto, otros están cargados de rabia u odio. Pero ¿qué esconden los ojos? ¿Qué hay tras esas miradas penetrantes o que te dejan el alma helada? Muchas veces me lo he preguntado.

No debemos olvidarnos de que, según la tradición budista, existe un «tercer ojo» y que podemos denominar en términos teosóficos como el «ojo interno», o el «ojo vuelto hacia sí mismo o hacia la eternidad» del que hablaba Angelus Silesius.

En el judaísmo y también en la masonería, se le atribuía este nombre: «el ojo que todo lo ve». Hamsa u Ojo de Mirian era la concepción para los judíos, y, por último, el Ojo de Horus u Ojo de Ra para los egipcios.

Este ojo que todo lo ve, que se sitúa entre las cejas, hace referencia a lo que viene a llamarse un vórtice energético y que proporciona una percepción que va más allá de lo evidente, una especie de sabiduría que se conecta con el corazón. Según el hinduismo, este denominado «tercer ojo» es el lugar donde se encuentra nuestra conciencia y el nexo de unión con el mundo espiritual.

Los estudios teosóficos relacionan el concepto del «tercer ojo» con la llamada «glándula pineal o epífisis» y que se encuentra físicamente en el centro de nuestro cerebro, que tiene forma de piña, fruto del árbol del pino, y que es del tamaño de un guisante. Esta glándula endocrina tiene un gran poder energético.

Y si decimos que los ojos son las ventanas del alma, también podemos decir que la glándula pineal es su asiento, así lo exponía René Descartes (físico francés, filósofo y matemático, considerado como el padre de la geometría analítica y de la filosofía moderna, que hizo famoso el célebre principio «Pienso, luego existo») al considerarla el lugar en el que se forman todos nuestros pensamientos. Visión y pensamientos ligados.

Pero, aparte de sus funciones, como es producir melatonina[30], que es una hormona derivada de la serotonina[31], también está muy vinculada al tiroides, teniendo una influencia directa sobre ella.

Algunos científicos tienen la convicción de que la glándula pineal contiene la clave del instinto y de ese llamado

---

30 Una hormona que se encuentra de forma natural en nuestro cuerpo. Se produce a partir del aminoácido esencial.
31 La serotonina es un importante químico y neurotransmisor en el cuerpo humano. Se cree que ayuda a regular el estado de ánimo, el comportamiento social, el apetito, la digestión, el sueño, la memoria, el deseo y la función sexual. Puede haber un vínculo entre la serotonina y la depresión.

«sexto sentido». Pero en realidad la glándula pineal cobra un papel fundamental en lo referente a la visión, pero la visión interna del mundo. Dicen los expertos que, cuando despertamos ese «tercer ojo», cuando se activa al cien por cien esta glándula, nos reporta grandes beneficios. Primero, encierra las claves del poder mental y, segundo, nos conecta con nuestra esencia divina, aprendemos a crear con amor, pues esta apertura viene acompañada de un sentimiento de unicidad y de una sensación de felicidad y positividad permanente. Con la apertura de este tercer ojo del que hablan los budistas, se consigue un desarrollo más agudo de la clarividencia y, por lo tanto, también se amplifican más las percepciones extrasensoriales y la intuición. Todo esto es también lo que viene a llamarse «visión espiritual», que deriva de ese ojo de la mente.

Lobsang Rampa[32] decía: «Con el tercer ojo se puede ver a la gente como realmente es».

Pensemos por un momento que no son nuestros ojos físicos los que ven, ni son nuestros oídos los que escuchan, ni es nuestra piel la que siente frío, calor o las sensaciones, ni es nuestro paladar el que degusta, y que todo lo percibe nuestro cerebro, nuestra mente, ese ojo interno. ¿Qué pasaría entonces? Bien, es a la sazón cuando ese ojo interno de la mente nos devuelve la información desde una visión interna que nos permite percibirlo todo sin que sea alterado por ningún sentido externo.

---

32 Lobsang Rampa declaró haber sido la reencarnación de un lama tibetano fallecido. En noviembre de 1956 se publicó en el Reino Unido *El tercer ojo*, el primero de los grandes éxitos de ventas de Lobsang Rampa. El libro explica sus experiencias mientras se criaba en un monasterio tibetano tras ser enviado al mismo a la edad de siete años. El título del libro está tomado de una operación en la cual un tercer ojo es abierto en la frente de Rampa, dándole el poder de la visión del aura.

Y puedes preguntarte: ¿qué tiene que ver la mirada maligna con ese ojo interno?

Alguna rama científica postula que la glándula pineal no tiene nada que ver con lo sensorial y que únicamente se limita a sus funciones como glándula, pero, si contemplamos todo lo que nos dicen las teorías ocultistas, las culturales, las religiosas y los mitos, esta relación entre la glándula pineal y el tercer ojo sería la que constituye un enlace entre el cuerpo psíquico y su sistema nervioso. ¿Podría entonces proyectarse un aojamiento desde ese llamado «tercer ojo»?

Después de esta investigación, yo diría que, como tal, el tercer ojo que vemos representado en Buda o en Shiva, por ejemplo, es el poseedor de todo conocimiento, y que, cuando se abre, destruye todo lo que ve, refiriéndose al mal y a la ignorancia, a la forma errónea de ver la vida para transformarla en una conciencia superior. Con este punto central de la mente bloqueado, somos incapaces de ver la verdad.

Así que yo diría que, cuando una persona tiene la capacidad de poder tener este tercer ojo por lo menos un tanto entreabierto, es incapaz de mirar con inquina o con envidia a los demás, entrando en el conocimiento cuántico del mundo, de tal modo que suele tener una visión más profunda de la vida.

Hay una leyenda tibetana muy antigua en la que se dice que, en el principio de los tiempos, cuando los dioses convivían con los hombres, todos podían hacer uso del tercer ojo, pero los hombres comenzaron a ser codiciosos y quisieron reemplazar a los dioses, ese mismo pensamiento les hizo que su tercer ojo se fuera atrofiando, y, como castigo y desde ese momento, solo unos pocos nacieron con la habilidad natural de poder ver a través de él.

LA INFLUENCIA DE LOS OJOS EN LAS FRASES

Las personas, como colectivo, utilizan una serie de expresiones que están dentro del folklore y del carácter de su región o de su país, y en ese sentido dichas frases pasan desapercibidas de forma natural, aunque en su contenido expresan un poder y un pensamiento que causan una pequeña revolución a nivel mental. Nuestros niveles de consciencia, consciente y subconsciente interactúan de forma que, al escucharlas, damos respuesta coloquial.

Al escuchar dichas frases que son para algunos habituales, se producen leves destellos de pensamiento que nos indican o nos ponen sobre aviso o en alerta. Voy a ponerte ejemplos: cuando alguien nos dice «Ojo avizor», nos está indicando que tengamos cuidado con algo o con alguien. Como veis, el «echar un ojo» tiene muchos matices.

Otro ejemplo: «Abre bien los ojos» nos indica que es importante conocer por dónde nos movemos, para no dar un paso en falso. Asimismo, es muy habitual esta frase: «Échale un ojo», que quiere decir estar pendiente de algo o de alguien. Y también «Tienes que estar con cien ojos», o, lo que es lo mismo, estar precavido, porque no sabes nunca por dónde te vendrá la sorpresa.

¿Verdad que comienzan a sonarte este tipo de expresiones? Cuando las pronunciamos, se amplía el criterio semántico de las palabras para determinar otras asociaciones, aunque estas están vinculadas al poder de la mirada, que tendrá connotaciones positivas o negativas según sea el contexto de la conversación.

Con la mirada, con los ojos, se podría provocar la mala suerte, y tal amenaza infunde un peligro, aunque los ojos siempre han ejercido un poder sensorial. El mirar, el ser visto, va desde percibir una sensación invasora, atrevida e insolente, hasta sentir agrado, porque hay personas a las que les encanta que las miren.

Está claro que mirar y observar no significan lo mismo. Cuando alguien dice: «Me fascina su mirada», es porque previamente ha observado un poder y un magnetismo que traspasa la mirada y que le cautiva.

Sin embargo, todos sabemos lo que es mirar, como un proceso de lectura de un objeto, de su espacio y su forma; no obstante, el mirar, con la finalidad de abrir los ojos, cumple un propósito que lleva a la apertura del conocimiento.

Te voy a poner ejemplos de frases con connotaciones distintas cuyos protagonistas son los ojos y que seguro que has utilizado, porque el poder de la mirada es sentenciador.

- «Vale un ojo de la cara». Se entiende, ¿verdad? Se deduce que es excesivamente caro.
- «Me tienen entre ojos». Eso significa que estás en el punto de mira, o que te tienen envidia, manía, o que te aborrecen.
- «Ser el ojito derecho». Es evidente: ser el favorito de alguien, el preferido, o tener la mayor confianza de alguien.
- «No pegar ojo». Es, por supuesto, no poder descansar o dormir.
- «No levanta los ojos». Se refiere a una persona que siente vergüenza.
- «¡Ojo avizor!»; «¡Mucho ojo!». Pronunciar una advertencia de estar alerta, y con los ojos bien abiertos.
- «En un abrir y cerrar de ojos». Cuando alguien o algo pasa rápidamente y sin apenas darse cuenta.

- «Dichosos los ojos que te ven». La alegría que produce ver a alguien que hace tiempo que no veías.
- «Ven más cuatro ojos que dos». Hay que tener en cuenta la opinión o punto de vista de otra persona.

La metamorfosis del pensamiento hace que borremos la palabra *ojo* y la sustituyamos por un concepto de aptitud y de actitud. Recordemos que un pensamiento y una mirada pueden cambiar el mundo para bien o para mal.

Estas frases provocan un chispazo mental capaz de incubar una actitud ante la vida. Ahora, seguramente, cuando pronuncies algunas de estas frases que he mencionado, serás más consciente de lo que engloban y seguro que esbozarás una sonrisa desde tus ojos.

EL PODER DE LA ENVIDIA EN EL SIGLO XXI

«La envidia sana no existe: lamentablemente, toda envidia causa un malestar y es un perjuicio para lograr nuestros propósitos».
Jonathan García-Allen

Etimológicamente, la palabra *envidia* proviene del vocablo *invidere*, que está compuesto por *in*, que significa «poner sobre», así como de *videre*, que quiere decir «mirar». Por tanto, la *envidia* en esencia no es otra cosa más que poner la mirada sobre algo, pero de manera malintencionada u hostil. *Envidia* significa «el que no ve con buen ojo».

Nítida y claramente, la envidia es un mal mayor que padecemos en la actualidad y que tiene muchas caras y vertientes que desembocan siempre en el sufrimiento.

La teoría dominante nos dice que la envidia es un estado mental o sentimiento por no poseer lo que tiene el otro, pero también la envidia supone que el otro no tenga lo que tiene, ya sean bienes materiales o cualidades. La envidia trae consigo tristeza y pesar por el bien ajeno.

Cuando decimos que una persona es envidiosa, por una parte, nos referimos a que siempre se fija en aquello que posee el otro. La persona envidiosa se enrosca en una emoción que le impide gozar y apreciar lo que uno tiene. Y lo peor de todo es que suelen vivir bajo el influjo de una frustración e insatisfacción continua, ya que la vida no es siempre como uno quiere o desearía, y, al no conseguir los objetivos, se acentúa su percepción negativa, entrando en un bucle que retroalimenta con sus pensamientos.

Una persona que es envidiosa siempre lo negará, porque sabe que la envidia es un sentimiento poco aceptable en la sociedad. Que te tilden de envidioso hoy en día no es agradable, pues, a vista de los demás, denota un sentimiento de inferioridad y de infelicidad, ya que el envidioso suele estar más pendiente de lo que hacen los demás, de lo que dicen los demás y de lo que consiguen los demás, que de aceptar su propia situación o de intentar esforzarse por conseguir sus propias metas o sueños.

La envidia es la madre de muchos otros daños colaterales; los celos, la traición, la deshonestidad, la injusticia o la insatisfacción, por ejemplo, suelen rodearla.

Pero tampoco lapidemos al «envidiosillo», porque es una emoción humana que hemos sentido la mayoría de nosotros en diferentes estadios o momentos de la vida y que proviene del ego, porque el ego, no nos olvidemos, se pasa la vida comparándose con los demás, aunque en su parte positiva nos puede servir para mejorar, pero, en su obsesión, nos puede cegar y hacernos sentir mucha frustración y celos enfermizos. Ahora bien, ¿cómo es una persona envidiosa, obedece a un modelo o actitud concreta?

Siempre detrás de la envidia existe un perfil de persona con baja autoestima, porque, lo creamos o no, la persona envidiosa no suele empatizar con sus semejantes.

Es posible que tengas envidia si, por ejemplo, te molesta que alguien que conoces se compre un coche nuevo o se lo cambie cada dos por tres. O si a tu compañero de trabajo lo ascienden o le suben el sueldo. Si no te gusta que otros consigan notoriedad, sobre todo si es de tu círculo más próximo. O que los hijos de tus amigos aprueben todas las asignaturas y sean buenos estudiantes. O que tu vecina siempre salga a la calle con un modelito nuevo, o vaya de compras y siempre la veas cargada con muchas bolsas. O que la gente que conoces viaje cada año mientras que a ti te cuesta llegar a fin de mes. Te produce envidia cuando escuchas hablar a alguien de algún tema con pasión. Cuando alguien cercano consigue sus metas o sueños. O cuando ves a algún amigo y este siempre va con su pareja a todos lados. Si pones escusas una y otra vez para esquivar visitar a un amigo que se ha comprado una casa nueva y quiere enseñártela. O te produce envidia la persona que ha conseguido el trabajo por enchufe e incluso por méritos propios.

Todas estas expresiones y formas de pensamiento son sinónimos de envidia, bien sea por celos, por malicia, por la mal llamada «envidia sana», por emociones tóxicas o por tiranía. Desafortunadamente, estos son los múltiples recursos de los que se sirve la propia envidia para retroalimentarse de pasiones negativas.

La envidia por celos

Lo primero que hacen estas personas, como ya he mencionado antes, es disfrazar esa emoción para no ser delatadas, incluso por sí mismas, y se camuflan bajo una personalidad fuerte, con salidas o respuestas para todo y con comentarios que parecen premeditados y que te dejan asombrado por ser normalmente mordientes.

Las personas envidiosas no soportan que tú consigas más que ellas y públicamente intentan quitarle valor a lo que tú consigues, o no te escuchan cuando les hablas, o cambian de tema, o engrandecen algo suyo.

Como conocen de tus talentos, o de tu belleza si es el caso, el envidioso celoso intenta ponerte trabas, boicotearte o bajarte la autoestima con comentarios hirientes o descalificativos suaves que van mermando tus ánimos, sobre todo si estás en un momento de debilidad.

Otra rama de la envidia por los celos que es muy evidente y muy común se da en personas que no solo envidian lo que el otro tiene, sino que envidian, por ejemplo, ocupar su lugar. Esto se suele dar en hermanos cuando se le otorgan privilegios al primogénito, y eso es motivo de celos, o cuando uno pretende ascender en su profesión y subir escalones a costa de ocupar el lugar de alguien. Además, esta clase de personas celosas, sienten que es de justicia, quizá porque piensan que se lo merecen más, que están más preparados, que son más inteligentes, más bellos o que tienen más experiencia.

Con seguridad puedo decirte que hoy en día puedes encontrarte con todo este tipo de actitudes y de personalidades dentro de tu círculo más cercano; por ejemplo, puede venir de tu propia familia, de tus propias amistades o de tus compañeros de trabajo. Miguel de Unamuno decía que «la envidia es mil veces más terrible que el hambre, porque es hambre espiritual».

La envidia maliciosa

La envidia maliciosa es querer que el otro no tenga lo que tiene. Suena perversa esta afirmación, ¿verdad?

La envidia maliciosa saca a relucir a la hipocresía. Estas personas se esconden bajo numerosas máscaras que no dudan en utilizar; en realidad, fingen sus auténticos sentimientos, por lo que considero que son grandes actores de la vida, aunque, como es lógico y de esperar, detrás de cada actuación o insensibilidad maliciosa existe una frustración bastante significativa.

La envidia maliciosa es ni más ni menos que el sentimiento de alegría o satisfacción al ver que al otro no le van las cosas tan bien, o por lo menos no le van mejor que a uno. Esta clase de envidioso malicioso no quiere por nada del mundo que ese otro destaque más que él.

A fuerza de envidiar, la persona se vuelve sádica, y se podría decir que disfruta con esas pasiones negativas. A veces la maldad emplea estos destellos de fealdad y de deseos negativos.

El envidioso que tiene maldad, se alegra cuando una persona a la que envidia comienzan a irle mal las cosas, es casi como un instinto que le reconforta. Suelen ser personas resentidas, y, aunque esto no es excusa, es gente que se siente maltratada por la vida y que se regocijan en el dolor ajeno. Un ejemplo para tener en cuenta y reconocer a un envidioso malicioso sería escuchar expresiones como: «¡Me alegro, ahora te toca a ti sufrir!».

Una reacción muy típica en el envidioso malicioso es la reacción de agrado o complacencia que suelen tener, por ejemplo, cuando a un compañero de trabajo, que normalmente tiene entre ojos por su estatus o por sus logros, es destituido de su cargo por el motivo que sea y baja en su escalafón laboral o le reducen el sueldo. Ya veis que es fácil descubrirlos, pues siempre podremos comprobar que su actitud ante dicha persona es de falsedad, ya que se muestra afectado e incluso como preocupado por él. De ahí que debamos tener en cuenta esta premisa, puesto que el envidioso malicioso jamás dirá la verdad ni hará ningún halago sincero. Normalmente, se delatan porque hablan mal a tus espaldas. Y un detalle, fíjate bien en sus gestos, pues, aunque son maestros del engaño, siempre se puede percibir en ellos cierta apariencia que los encubre, ya sea a través de una sonrisa fingida o simplemente porque sus palabras suenan huecas o postizas y no coinciden con la carga emocional que tú percibes.

Otro perfil bien definido es la persona que alberga tanta rabia almacenada que es capaz de atacar de forma verbal para conseguir discutir de forma agresiva. Normalmente, es gente frustrada, que no soporta a su contrincante o supuesto amigo, y menos soporta que destaque más que él. En esas situaciones no cabe el diálogo porque ni siquiera el envidioso malicioso pretende dialogar, sino arrojar la inquina acumulada o desprestigiar. Cómo actuar ante estos casos ya es punto y aparte.

La envidia sana

Este sí que es un gran dilema, la envidia sana. A mi modo de ver las cosas, no existe una envidia sana, la envidia es meramente eso, envidia. Pero sí que es habitual escuchar esta expresión cuando alguien la pronuncia, por ejemplo, al alegrarse de los méritos de otro, y piensa que ojalá pudiera conseguirlo igualmente. La envidia sigue siendo una pasión en la que se deposita el interés de un individuo para conseguir algo, pero, cuando hablamos de envidia sana, podemos poner un paréntesis y apuntar la acepción de «A mí también me gustaría», o «Ya me gustaría a mí ser o tener…», o «Ya desearía yo», y que no conlleva una connotación negativa. Aquí no se infravalora a nadie, no se piensa en que uno se lo merece más que otro, sino que se pone en primera persona el deseo de mejorar, de obtener o de disfrutar de la misma forma que lo hacen otros. Esta envidia benigna puede ayudarnos a conseguir nuestras metas e ilusiones sin ser fuente de hostilidad.

Una versión negativa de la envidia sana es argumentar tratando de aliviar la propia envidia para sentirnos mejor con pensamientos que se traducen en frases como:

- «Pues su novio no es tan guapo como decía».
- «Siendo como es, pronto acabará con el patrimonio familiar».
- «No es tan listo como parece».
- «Ha conseguido ese trabajo, pero no es para tanto, los hay mejores».
- «Tiene mucho dinero, pero no es feliz».

La envidia sana no deja de poner sobre la mesa que las personas estamos continuamente mirando lo que hace el otro, y que nosotros desearíamos poder cumplir las mismas expectativas y que o bien tenemos cierta incapacidad para hacerlo, o bien sabemos que es algo que no podremos alcanzar jamás. En realidad, dicha envidia sana secuestra nuestra atención hacia lo que nos falta. El deseo, he de recordar, también implica sufrimiento, pues es una fuente de exigencia que nunca se ve colmada, quizá porque es una necesidad innecesaria para nuestra vida. El deseo también es un foco de atención que examinar, ya que puede llevarnos a una insatisfacción que consigue producir la temida mirada nefasta.

La envidia en las redes sociales

Hoy hemos podido llegar a comprender que nuestra felicidad está muy vinculada a nuestro equilibrio emocional, a nuestro ser interno, a nuestra paz interior, pero la felicidad también depende mucho de nuestro entorno, de la vida social, cultural, económica que tengamos y de los estímulos del exterior. Y hoy, por ejemplo, las redes sociales han contribuido a que entren en nuestro círculo de intimidad supuestos «amigos» a los que les mostramos sin pudor nuestros viajes, nuestros proyectos o quizá una vida idílica que puede llegar a ser la envidia de muchos de los que nos observan y no nos ponen un «Me gusta», por ejemplo, o los que sí lo hacen de corazón, o los que en realidad disimulan su envidia y te felicitan o te ponen la mejor cara. Y aunque sabemos que todos tenemos nuestras luces y nuestras sombras y que existe una vida de Photoshop en las redes sociales —Facebook, Twitter e Instagram, entre otros—, nos tienen sometidos a la acción de la inmediatez para ver lo que está sucediendo, de forma que nos crea dependencia. Todo esto existe en las redes sociales, y lo sabes bien si eres usuario de ellas. A este fenómeno cada vez más usual de pensar que los demás están viviendo o tienen una vida mejor y compararla con la nuestra, obsesionándonos con ello, sin dejar de mirar los mensajes que nos entran en el *smartphone*, se le ha llamado «FOMO» que viene del inglés *fear of missing out*, cuyo significado literal es «miedo a estar perdiendo algo», y me explico. Vemos cómo continuamente nuestros amigos en las redes no paran de compartir sus momentos más alegres, más interesantes, emocionantes, y pensamos que nuestra vida es anodina, «que nos estamos perdiendo» lo que hay ahí afuera, y, aunque estemos en nuestra casa disfrutando de una comida agradable, por ejemplo, desvirtuamos lo que nosotros estamos viviendo, agrandamos lo de los demás, y eso nos genera ansiedad, frustración y cierta envidia.

Así que debemos tener en cuenta que continuamente estaremos sometidos a situaciones que nos pondrán a prueba nuestro estado emocional y nosotros somos los únicos responsables de los efectos secundarios de todas estas emociones no resueltas que nos inducirán a la irritación, por lo tanto, a la inflamación, la que nos generará, inevitablemente, un cambio de actitud, de personalidad y, por ende, enfermedad.

Te propongo que seas sincero contigo mismo y, cuando sientas que la envidia te invade, la agarres de la siguiente forma; pregúntate cosas como estas:

- ¿Qué me genera tanta irascibilidad?
- ¿Qué es lo que no soporto del otro?
- ¿Qué es lo que me impide centrarme en mí mismo?
- ¿Por qué miro la vida de los demás pensando que es mejor que la mía?
- ¿Puedo ser feliz con lo que tengo?
- ¿Qué es lo más importante para mí?
- ¿A qué le doy prioridad?

Ten en cuenta siempre que la envidia nos estanca en la pequeñez.

Diferente es cuando sabes que te tienen envidia. ¿Cómo actuar? Muchas personas me han llegado a decir que no saben por qué les tienen envidia si no tienen más que ellos, si su vida tampoco es para que le tengan envidia, y ahí entrarían respuestas que no pertenecen al mundo de la razón y la lógica, sino a esa frecuencia, magnetismo, alegría o forma de ver y sentir la vida. Pero es obvio que, de alguna forma u otra, nos afecta; lo que te sugiero es que no genere en ti la misma reacción, el mismo sentimiento o forma de pensamiento que pueda perjudicarte a ti o te haga sentir mal, porque tú tienes la capacidad de que te afecte o no.

Hay que tener presente que el que es envidioso, como ya he dicho, sufre; es una persona que está amargada y se comporta incluso de manera hostil, y se siente frustrada por ello, aunque su poder de disimulo suele ser muy grande. ¿Te suena la frase «Se muere de envidia»? Literalmente es así, la muerte genera dolor, pesimismo, tristeza y desvinculación.

Te voy a dejar unas pistas de cómo puede comportarse un envidioso hoy en día, y es que la persona que sufre de esta emoción negativa suele ser depresiva, aunque cara al exterior dé su mejor versión. A menudo aparentan lo que no son, frecuentemente sufren de ira, suelen tener actitudes agresivas verbales e incluso, si me apuras mucho, hasta provocaciones físicas. Normalmente, esas personas pueden quitarte la energía positiva.

La envidia y el bullying

Evidentemente, la envidia se ha modificado en patrones de conducta muy agresivos, tanto que no puedo dejar pasar por alto el avasallamiento del *bullying*.

Muchos de los acosadores han declarado que sus estados de acoso han sido llevados a cabo por la envidia hacia alguien. El *bullying* es la tiranía de la mediocridad: si destacas, te tienen envidia; si no, te desprecian. Generalmente, esta actuación suele comenzar de forma leve y va en aumento, como suele ir el sentimiento de envidia, que, una vez desatado, se retroalimenta, además de odio, de rivalidad y de poder, sentimiento que le otorga a la persona agresora más dominio sobre la víctima con el fin de humillarla, degradarla, excluirla o dejarla en soledad, para así conseguir superioridad. Y yo me pregunto: ¿y si la envidia es una idea delirante que germina en maldad hacia el ser humano y que encuentra en el mal ajeno una porción de satisfacción?

Observar de qué forma se comporta la envidia o la gente envidiosa en el siglo XXI debe de cambiarnos nuestra percepción de la vida, porque sería positivo darnos cuenta de que podemos cambiar nuestra forma de pensar, nuestro enfoque, y eso ya sería un gran paso para percatarnos de que, en ciertos momentos, hemos albergado también esa forma de pensamiento nada positivo.

Combatir la envidia y al envidioso

Todos nosotros (incluido tú mismo) hemos podido experimentar en nuestras propias carnes la flecha envenenada de la envidia.

En mi investigación sobre el tema, he podido verificar que las personas más sensibles, al intuir la envidia lanzada hacia ellos, ponen en marcha de manera casi inconsciente, y como mecanismo de defensa, ciertas actitudes como, por ejemplo, el rechazo hacia su atacante, la cautela, también se vuelven más reservados e intentan apartarse de esa o esas personas con el fin de que conozcan lo menos posible sus sueños, su vida y sus logros. Pero la contrapartida se cobra un precio muy alto, ya que, al cambiar la forma de actuar, la persona se minimiza, se hace pequeña para no destacar, para no molestar al otro. Se vuelve recelosa de su vida, de sus cosas, se torna muy comedida y está en tensión continuamente, generando un estrés que le provocará problemas emocionales graves.

Como veis, la envidia hoy en día va por estos derroteros y puede provocar en sí misma el deterioro de la ilusión, de la positividad y de los sueños. Y estas circunstancias son propicias para generar un círculo de negatividad que cuesta abandonar, de ahí que no debamos olvidar que la eficacia de la vibración de la envidia o de cualquier emoción negativa es directamente proporcional a cuán vulnerable esté uno.

Ocurre que la envidia en el siglo XXI sigue alterando nuestro sistema de control ante situaciones de la vida, porque en parte nos sentimos irritados o agredidos, incluso enfadados, y con ello perdemos el equilibrio psicológico, emocional y mental. Por lo tanto, podemos tratarla como una enfermedad, ya que consigue turbar el equilibrio en nuestra vida, como lo suele hacer cualquier enfermedad física, dejándonos en una situación vulnerable, tanto para la persona que es envidiosa como para la persona que recibe esta agresión. Y es que el ser humano necesita del equilibrio emocional y de la armonía para generar bienestar en su vida.

Cómo combatirla, pues, consta de practicar un ejercicio de amor hacia uno mismo, ya que es la forma de alejar la negatividad tanto externa como interna. Al tiempo que ese impulso de querer sostener el amor en ti te llevará a querer rodearte de personas auténticas que te quieran de verdad, tal y conforme eres, con tus defectos y con tus virtudes, que te sumen y que te apoyen. De esta forma se debilita tener envidia.

Estar en paz, sentir bienestar, hacer las paces con tu cuerpo, estar satisfecho con las cosas que has conseguido, aceptar las situaciones y cambiarlas si podemos hacerlo, ser autocrítico para mejorar y cultivar estados sublimes en los que nos encontremos bien, todo ello hará que nos alejemos de la insidiosa envidia. Y cuando alguien te vaya con rumores, síntoma de un envidioso, porque el envidioso muchas veces los inventa y el chismoso los difunde, termina la conversación lo antes posible; esto le cortará las alas, pues, ante una persona inteligente, el chisme muere.

Normalmente, la envidia es mayor y más nociva dentro del círculo más próximo, ya sea de compañeros, amigos o familia, y es normal, porque se tiene más información; por lo tanto, la comparación y la rivalidad están más presentes.

Celos, envidia y chismes son una tríada que debes evitar para combatir la envidia y al envidioso. No empobrezcas tu vida, la envidia es una miseria humana.

Te propongo que hagas una reflexión ante lo leído, y, si quieres, hazte estas preguntas: ¿mi actitud es constructiva o destructiva? ¿Las personas con las que me relaciono son constructivas o destructivas?

Porque siempre, y atiende bien, destruye la persona que encuentra la oportunidad para criticar, juzgar, poner en entredicho, ridiculizar, buscar culpables, encontrar defectos en los demás. En realidad, destruyen aquellas personas que están resentidas con la vida, que son maliciosas, que no han sabido enfrentar su vida. Destruyen los envidiosos, cotillas y presuntuosos.

Pero la persona que construye es la persona que vive y deja vivir, la que prefiere encontrar y ver lo bueno en los demás. Edifica el que se pone en los zapatos del otro, aunque sea por un solo instante, y no le duele reconocer los méritos y las virtudes del otro. Construyen los humildes y sencillos.

Construir es querer lo mejor para el otro, es la gran prueba del amor incondicional.

3.
AMULETOS

Entramos en un apartado, el de los amuletos, que constituye un fenómeno, como poco, atractivo y, desde el punto de vista social, antropológico y seudocientífico, de lo más interesante, ya que, mediante la adquisición de estos fetiches a los que se les atribuye misteriosos efectos bienhechores, el ser humano se ha sentido de algún modo protegido de las adversidades de la vida.

El poder que se les otorga a los amuletos nace de un sustrato profundo de la mente o de un inconsciente colectivo, también del poder de las buenas intenciones proyectado sobre cualquier objeto personal, familiar, de tribu o comunidad, y que adquiere un carácter único, fundamentalmente de apoyo, buena fortuna y sustento. Parece ser que el hombre desde el principio de los tiempos necesitaba agarrarse a algo palpable, algo material para autosustentarse en la confianza y esquivar o salir airoso de los peligros. En realidad, el hombre siempre vio en ellos la forma de escapar del mal físico, moral o espiritual.

El amuleto siempre ha consistido en un objeto al que se le ha dado el carácter de mágico y de protección. Un escudo que resguardaba frente a una posible agresión externa, frente a un supuesto mal. Teóricamente, como decía el doctor G. Jung en su obra *Símbolos y arquetipos*, tiene un efecto principalmente apotropaico, es decir, ahuyentador.

Hay gran cantidad de ellos que van desde los más extravagantes y curiosos hasta los más simples. Pero, antes de describirlos, conviene hacer mención al significado de la palabra, porque esta ya nos da pistas de su magia talismánica. La palabra *amuleto* proviene del árabe *hamalet*, que significa «llevar», y está vinculada al sustento y al apoyo. La palabra *amuleto* recuerda a la palabra *muleta*, y por norma general sirve para alejar las malas energías, aunque también para atraer aquello bueno que necesitamos.

Debemos diferenciar *talismán* de *amuleto*, ya que son confundidos con asiduidad; sin embargo, el talismán, palabra que también procede del árabe *tilasm*, que significa «consagrarse», debe ser cargado o consagrado con la energía o poderes mágicos de aquel que lo creó o de su dueño, mientras que el amuleto es un objeto con propiedades mágicas inherentes a su naturaleza, bien por su forma, geometría, historia, semblanza con animales, con plantas, con dioses. La magia no deja de estar presente en ellos de una forma u otra, y el país de Egipto no ha dejado de mostrarnos gran cantidad de ellos, tanto de amuletos como de talismanes que hoy en día seguimos comprando, quizá sin conocer el sello mágico que los caracteriza, pero para los antiguos habitantes egipcios eran muy apreciados y necesarios, tanto para los muertos en su viaje al más allá como para aquellos que trabajaban en el campo expuestos a picaduras de animales, o para las mujeres que daban a luz, por ejemplo.

Pero el hombre no se ha servido únicamente de ciertos objetos fetiches para la protección, amuletos minerales, animales y vegetales. Estatuas, monedas, dibujos, anillos y oraciones. No podemos olvidar que los gestos, como escupir o sacar la lengua, las actitudes sorpresivas, orar y las formas de moverse también son herramientas que se han utilizado desde siempre para ahuyentar y proteger.

Tengo que recordar un comentario de Plinio y Persio, extraído de la obra literaria *El mal de ojo en el occidente romano*, acerca de la forma de actuar de las nodrizas, tías o abuelas para proteger a los niños contra el mal de ojo marcándolos con saliva[33]. Quizá la saliva sea un amuleto protector contra el mal muy recurrido en tiempos antiguos que a lo mejor debamos tener en cuenta por su poder de defensa.

Concretamente, el mal de ojo se ha servido de sus propios amuletos para combatirlo y para prevenirlo a lo largo y ancho de todo el planeta y de toda la historia, y son muchos. Aquí voy a recoger los más significativos.

Primero os voy a hablar del hilo rojo. Seguro que habrás visto a cantidad de personas que llevan este tipo de pulsera o cordón en su muñeca izquierda, e incluso lo llevan muchos famosos y actores que se han sumado a «la moda» de este amuleto, que tiene un origen muy particular y que pocos saben. Os lo cuento.

Este hilo rojo es uno de los más antiguos, salvando los amuletos egipcios, que también tendrán su espacio en este libro.

---

[33] Plinio N. H. 28, 39; Persio 2, 30-32 (extraído de *El mal de ojo en el occidente romano*).

EL HILO ROJO

Es un amuleto que tiene su origen en el folklore hebraico; por lo tanto, esta tradición —*segula*— data de tiempos muy antiguos, y no debemos menospreciarla.

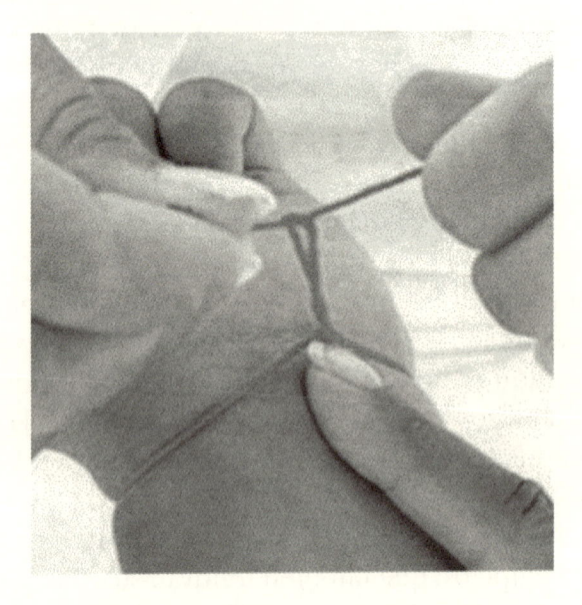

El poder del hilo rojo atado a la muñeca
otorga energía protectora al portador.

El hilo rojo es considerado como un amuleto espiritual, dando resultados certificados, comprobados a través del tiempo.

La información que ha llegado hasta nuestros días verifica que las mujeres encinta, las más tradicionales, siguen yendo a ese lugar —hoy en día un tanto conflictivo— de

Israel a medir la tumba de Rajel[34]. Después de orar, enrollan el hilo rojo siete veces alrededor de su tumba; es entonces cuando este recibe los poderes místicos. El hilo rojo se corta en piezas que después usarán, colocándolo en su muñeca izquierda durante todo el embarazo y el parto. Al llevar este amuleto, se recibe la energía protectora que rodea a la tumba de Rajel[35], ya que ella es considerada como la gran matriarca del pueblo de Israel, y su gran deseo fue proteger y defender a todos sus niños del mal. El mérito de las buenas acciones de Rajel Imenu es y se considera altamente protector.

Hoy en día a las afueras del muro de las lamentaciones nos podemos encontrar con personas que piden limosna para mantener a sus familias y, para no sentir que no corresponden al buen acto de recibir dinero sin dar nada a cambio, obsequian estos hilos rojos que tienen la energía positiva del acto de la buena voluntad, lo que ellos llaman una *mitzvá*.

Otra de las explicaciones que da el pueblo judío ante el uso de la cinta roja es la siguiente: la cinta roja actúa de escudo protector. El hilo rojo ayuda a restringir la energía negativa que tú envías a otros y, al mismo tiempo, actúa como un escudo de protección en contra de cualquier energía negativa que se dirija hacia nosotros.

Este amuleto debe ser de lana, y en su explicación esclarecen que la lana en su origen es de color blanco. El blanco tiene un poder neutralizante. El rojo corresponde

---

34 Rajel, la esposa de Jacob, después de muchos años de infertilidad, dio a luz a dos hijos: José y, más tarde, Benjamín. Durante el nacimiento de Benjamín, Rajel falleció y fue enterrada en el camino entre Jerusalén y Belén, en la tierra de Israel. Rajel alejó de ella la envidia.
35 Rajel es considerada la «madre eterna», ya que ella siempre está al cuidado de sus hijos cuando están en peligro, especialmente está protegiendo a la mujer embarazada de todo mal y consolando a la mujer estéril.

a un espectro de tono bajo, lo que significa el menor nivel de luz o la negatividad extrema. El color rojo tintado en la lana atrapa toda la negatividad, y la blanca en esencia la neutraliza, evitando que el mal penetre en nosotros.

Pero ahí no queda la cosa, ya que llevar esta cinta roja sobre la muñeca izquierda —la izquierda representa el deseo de recibir; por eso, crear un escudo protector repele la energía negativa— es todo un ritual que se debe llevar a cabo para que esta sea efectiva.

Para no ser impactados por los celos, la envidia, la difamación, el desamor y las malas vibraciones, el hilo rojo debe anudarse por una persona que te quiera de verdad, haciendo siete nudos ajustados a la muñeca y recitando estos nombres: Alef, Lamed, Dalet. Los estudios de la Kabaláh nos dicen que son fuerzas poderosas e invencibles contra el mal de ojo.

Haz que alguien que te quiera bien te ate el hilo rojo, y repito, en la muñeca izquierda, pero tú a su vez debes hacer la promesa, tener el pleno convencimiento y el compromiso de que evitarás tener pensamientos negativos o hablar mal de los demás, porque todo ello interferirá en tu propósito de protección y de ahuyentar el mal de ojo. Una vez hecho este ritual que tiene el poder de desviar y atrapar toda mala intención de un aojador hacia la cinta roja, así lo dicen los rabinos, entonces se debe finalizar diciendo la oración «Ben Porat», que evita que otras personas te den mal de ojo.

Llevar este hilo rojo se está convirtiendo en una auténtica moda, sobre todo habrás visto que mucha gente famosa lo lleva en su muñeca. Yo diría que muchos de ellos no saben ni por qué lo llevan; otros quizá tienen una ligera idea, o alguien les dijo que trae suerte, que protege, convirtiéndose así en algo frívolo y desvirtuado de su verdadero sentido de la alquimia neutralizadora de la *fascinatio*, porque no existe un compromiso de análisis personal de sus sentimientos, emociones y actos, y tan solo buscan su propio beneficio con ello.

Otra peculiaridad que seguro habrás visto sobre las cunas o cochecitos de bebés recién nacidos son las cintas rojas o lacitos de color rojo con medallitas religiosas de vírgenes y santos, como san Cipriano; con la Cruz de Caravaca, o incluso con ojos turcos. Al igual que hay mamás que, sin tener creencias religiosas, colocan a sus bebés una cinta roja en la muñeca para protegerlos del mal, de la enfermedad, del empacho; en definitiva, para preservar su buen estado de salud, y ponen en práctica estos métodos que han llegado hasta nuestros días casi como una moda, bien porque ven que otras mamás también lo utilizan, bien porque alguien les ha dicho que eso ahuyenta a las miradas maliciosas, y lo hacen «por si las moscas», como suele decirse, por si existe algo de cierto, de protección, en este tipo de supersticiones o actos mágicos, también las hay que sí saben del significado de este ritual altamente protector de la mirada nefasta.

Como dije, el llevar este simple hilo rojo para los judíos es algo que cobra relevancia por el compromiso que se adopta consigo mismo, ya que se deben examinar las malas cualidades del propio carácter, viendo si se es envidioso o si se «mal-dice», que es lo mismo que hablar mal de la gente de forma habitual y como hábito diario.

Hay una responsabilidad en todo esto, os lo aseguro, y una toma de conciencia que nos obliga a mantener un diálogo interior para obtener información propia de lo que estamos sintiendo. De esta forma, llevar el hilo rojo se convierte en mucho más que una simple protección ante las malas vibraciones.

ORACIÓN DEL BEN PORAT

AIN ALEI PORAT BEN YOSEF PORAT BEN
SHUR ALEI TSA-ADAH BANOT
YEVAREJ RA MIKOL OTI HAGOEL HAMALAJ
SHMI BAHEM VYIKARE HAM-ARIM ET
VYITSJAK AVRAHAM AVOTAI VSHEM
HA-ARETS BKEREV LAROV VYIDGU.

Esta es su traducción al español:

Un ramal pleno es José, un ramal pleno por el poso, y esas ramas corrieron sobre la pared.
El ángel que me rescata de todo mal bendecirá a los pequeños, y que mi nombre y el nombre de mis padres, Abraham e Isaac, será llamado hacia ellos. Y los dejara crecer en multitud entre la tierra.

Resumiendo, el hilo rojo es uno de los amuletos más socorridos para ahuyentar la mirada del mal o la mirada del envidioso. Úsalo con conocimiento de causa.

PIEDRA *NAZAR BOCKUK*. EL OJO TURCO

La palabra *nazar* deriva del árabe, «visto» o «ver». Este, concretamente, goza de gran fama mundial y es muy habitual encontrárselo por Grecia, Turquía, Egipto y Túnez. Desde tiempos remotos, los habitantes de las riberas del Mediterráneo han creído que los poderes del ojo azul preservaban de cualquier tipo de desgracia. Este amuleto turco es además muy vistoso, ya que está compuesto por un llamativo color azul que rodea una pupila negra.

Los ojos siempre han sido atractivos, pues constituyen el órgano principal de la percepción sensorial, el cual mantiene una íntima relación con la luz solar y con el espíritu, ya que, como solemos decir, «los ojos son las ventanas del alma». Si el ojo se asocia al sol, fuente de luz, y al acto de ver, el plasmar o dibujar un ojo ha sido y es el aliado perfecto para liberarse de todo tipo de enfermedades y males.

Además, la percepción de un color siempre ha tenido efectos a nivel psíquico en nosotros. El ojo azul, el ojo turco, representa el color del cielo y del pensamiento; este color se ha asociado siempre con la fuerza, la energía física y la libertad. El color azul recuerda a la gente el agua fresca o a la bóveda celeste, dándole ambas dos unas connotaciones muy positivas. Es una de las tonalidades más amables, que inspira confianza, y casi puedo asegurar que a muy pocas personas les desagrada. Es el color de los mismos dioses, de la protección, de lo eterno, y, para seguir con las cualidades, aporta concentración y cierta frialdad necesaria en algunos momentos.

Pero algunos turcos con los que he podido conversar me cuentan que el origen del ojo azul es debido a la invasión de los pueblos nórdicos. Todos ellos tenían los ojos azules y, a la llegada a los pueblos de Anatolia, fueron vistos por sus habitantes como invasores que echaban el mal de ojo, y para evitarlo crearon el «efecto espejo», un ojo azul para repelerlos. Aunque yo creo que esto del efecto espejo viene de mucho antes, ya que en algunas etnias de África Central muy primitivas todavía existen chamanes y brujos que, como sus antepasados, siguen con la tradición de colgarse del cuello a modo de collar y a la altura del vientre o del pecho espejos, o coserse en sus ropajes cristales brillantes para que hagan el efecto de rebote.

Hoy en día, la piedra *nazar* no es difícil de encontrar, las hay por multitud de mercadillos. Puedes encontrarlas como colgante para el cuello, como pulseras, en llaveros, en anillos... También es habitual ver combinaciones del ojo turco con otros símbolos protectores, como la Mano de Fátima, o acompañados de piedras semipreciosas u otra clase de símbolos, como la estrella de David, por ejemplo.

Colgante con piedra nazar, también llamada «ojo turco».

La piedra *nazar bockuk* tiene más cualidades, aparte de prevenir o ahuyentar el mal de ojo, como, por ejemplo, atraer la buena suerte y, colocado en la puerta de la entrada de la casa, protegerla de toda influencia negativa que quiera entrar en nuestro hogar. Los turcos en sus barcos y en sus vehículos también colocan el ojo azul, y en las cunas de los bebés es muy habitual ver ojos turcos con cintas rojas.

Bajo mi punto de vista, este amuleto se ha vuelto tan popular que ha perdido parte de su esencia, y la mayoría de turistas lo compran por el mero hecho de que ven en él un accesorio original, un *souvenir* más. Pero, para aquellas personas que creen en la existencia del mal de ojo, este amuleto es uno de los más potentes que tiene el poder de desactivar las malas intenciones que generan pobreza, mala salud o desgracias.

EL UDYAT

El Udyat u Ojo de Horus es uno de los símbolos egipcios apotropaico más conocido. Pero, para vislumbrar sus poderes mágicos y protectores, debemos adentrarnos un poco en conocer su naturaleza.

El dios Osiris, regente de Egipto, fue asesinado por su propio hermano Seth, que le tendió una trampa para poder sucederlo en el poder. Seth preparó un sarcófago precioso y dijo a los allí reunidos que quien cupiese en él se lo llevaría, y lo hizo con toda su picardía, ya que el ataúd tenía las medidas exactas de su hermano. Cuando Osiris entró en el sarcófago, lo cerró y lo mató; después, lo descuartizó en trece pedazos que esparció por todo Egipto. Entonces, su mujer, Isis, buscó desesperadamente por todo el país los restos de su esposo y con sus poderes divinos lo resucitó y engendró a su hijo Horus, el hombre con cabeza de un halcón, que inicia la guerra contra su tío Seth.

Después de varias batallas, y ayudado por los Shemsu Hor —los seguidores de Horus, los resplandecientes—, Horus triunfa y sucede en el trono a su difunto padre. Sin embargo, durante la encarnizada batalla, Seth le arranca un ojo, el ojo izquierdo, y lo corta en seis partes que esparce por Egipto. Los dioses entonces le encargan al dios lunar Thoth, maestro supremo de la aritmética, la palabra y la escritura, reunir las partes y reconstruir el ojo completo. Así fue como el Ojo de Horus se convirtió en el símbolo que representa el triunfo del bien sobre el mal.

Tras la cruel batalla, se produce un juicio en Heliópolis en el que se dictamina que Horus tiene el derecho a suceder a Osiris, quedándose Horus con el reino del Bajo Egipto, y Seth, con el del Alto Egipto. Más adelante, Horus se quedaría con todo el reino de Egipto, mientras que Seth se convertiría en el dios del desierto y de las poblaciones extranjeras.

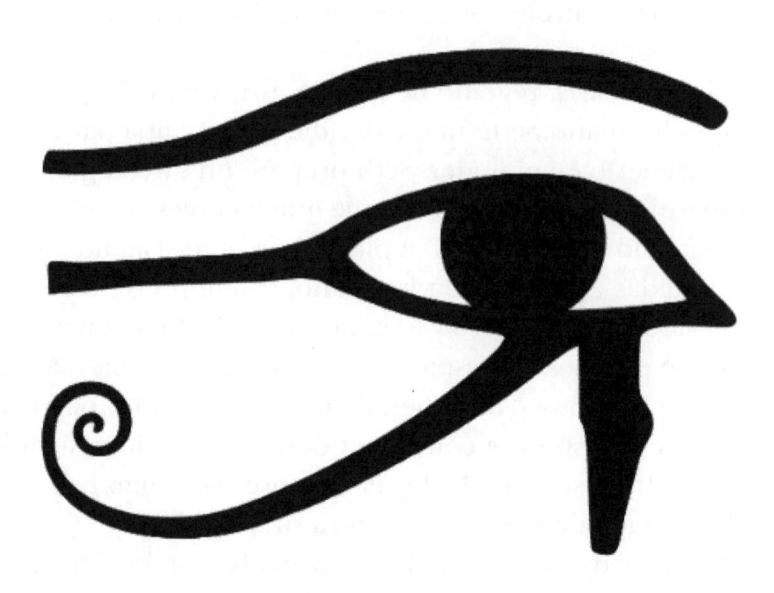

Ojo de Horus o Udyat

Aquí, en esta representación, se puede ver que el Ojo de Horus es un cruce entre un ojo humano y un ojo de halcón.

Desde el principio de los tiempos, es el ojo el que simboliza el mal repelido, pero también la objetividad, la integridad, el conocimiento, la visión total de las cosas y el poder de renacer. Potenciaba la vista, protegía y remediaba las enfermedades oculares, contrarrestaba los efectos del mal de ojo.

Fue muy usado en medallones, en brazaletes, los egipcios hoy en día siguen pintando sus barcas con este símbolo protector. El ojo sagrado utilizado en los ritos funerarios, esculpido y pintado en joyas, sarcófagos y templos, era un poderoso amuleto capaz de alejar influencias maléficas o de actuar con significado de ofrenda.

Pero en el país de Kemet no solo había este amuleto protector, el Udyat, sino que los egipcios contaban con multitud de rituales y objetos sagrados capaces de ahuyentar al aojamiento y también a sus enemigos. Hay una extensísima lista. Y para mencionar algo verdaderamente curioso, se dibujaban o se tatuaban sobre la piel del cuerpo los símbolos que ellos consideraban los apropiados para cada cosa, y lo hacían en las manos e incluso en la lengua y en las plantas de los pies, de este modo simbolizaban con este acto psicomágico el aplastamiento de sus enemigos. Javier Arries aporta en su obra *Magia en el antiguo Egipto* que el mal de ojo, el *Ir-T-Ban-T*, como se decía en egipcio antiguo, se representaba en la escritura jeroglífica de una forma que no dejaba lugar a dudas sobre su peligrosidad: un ojo al lado de un cuchillo.

Se han encontrado papiros en los que se lee que, a través de la magia y de medicinas, se puede defender a los más débiles de esta mirada maligna, y aquí os dejo estos textos con referencia al tema que estamos tratando.

El Ojo de Horus es tu protección, Osiris, Señor de los Occidentales, constituye una salvaguarda para ti: rechaza a todos tus enemigos, todos tus enemigos son apartados de ti (Libro de los Muertos, capítulo 112).

Te traigo el Ojo de Horus, para que tu corazón pueda alegrarse... (Textos de los Sarcófagos, encantamiento 64).

Yo soy el fiero Ojo de Horus, quien marchó terrible... (Textos de los Sarcófagos, encantamiento 316).

Templo de Karnak, Egipto.

EL DIOS BES

La antigua historia de Egipto sabemos que está plagada de magia, de ritos, de religión. En la vida de los hombres y mujeres de aquellos tiempos no podían faltar los cultos a las deidades que estaban presentes en el panteón egipcio, desde Isis hasta Hathor, desde Osiris hasta Horus, desde Sejmet hasta Selket, y que perfilaban con sus atributos los días señalados, como, por ejemplo, la adquisición de una casa, el casamiento, el nacimiento de un niño, el renacimiento o la muerte. Y si tenemos que destacar a un dios protector, no podemos olvidarnos de este, el dios Bes, que, según cuenta la historia, fue un dios antiguo que ya estuvo en la época predinástica.

Pero lo cierto es que este «talismán» era utilizado por muchos pueblos; por ejemplo, en todo el Medio Oriente. Aunque, como curiosidad, el culto al dios Bes se extendió por todo el Mediterráneo, incluyendo las costas de Ibiza, pero una de sus efigies más antiguas se encuentra en el templo de Hatshepsut, aunque la más famosa se halla en el Serapeo de Menfis.

Los egipcios tenían presente en casi todos sus rituales al dios Bes. Fue representado en multitud de lugares: en las estancias conyugales; también en forma de estatuillas, de máscaras, de mobiliario para dormir, que era decorado con la representación del dios Bes, y en estelas y papiros cubiertos de inscripciones mágicas, como la de Metternich, que mostraba a Horus niño con la efigie del dios Bes sobre su cabeza.

Su aspecto siempre grotesco tenía el potencial de ahuyentar y de aterrorizar a lo malvado, a los demonios. Como veis en la fotografía que se muestra a continuación, era un dios enano, con piernas cortas, barbudo. Normalmente, se le representaba con el gesto de tener la lengua fuera, como burlando al mal, y desnudo, aunque otras veces porta una piel de león o de pantera y, en ocasiones, aparece exhibiendo un gran falo. En función del atributo que se quería resaltar, se le simbolizaba de una forma u otra: el *sa* —el más importante, distintivo de protección—, un cuchillo o diversos instrumentos musicales.

Estatua del dios Bes, en el Museo del Louvre (París).

Así que no era de extrañar encontrarse que los egipcios llevaran consigo amuletos que representaran la figura del dios enano Bes, un dios bonachón al que le gustaba gozar de las cosas buenas de la vida, de la danza y de la música, y, al igual que amaba todos los disfrutes de la vida, detestaba todo lo que tenía que ver con la malignidad. Y no solo era utilizado como amuleto protector del mal de ojo, sino también como el protector de la casa, de las relaciones amorosas, de las parturientas y del nacimiento, porque estaban más que convencidos de que su fealdad alejaba a los malos pensamientos y a los malos espíritus; de hecho, está representado en las columnas y también en los bajorrelieves de las paredes de las «casas del nacimiento divino» *(mammisis)*, siempre anexas a los grandes templos, como, por ejemplo, en el templo de Horus en Edfu.

Sobre la cabeza de Horus niño está el rostro de Bes, que es el guardián del recién nacido y del parto.

Hasta nuestros días nos han llegado infinidad de amuletos protectores, todos ellos procedentes del antiguo Egipto: el Wadjet —se representaba con la cobra—, cuyo significado es proteger contra los enemigos y contra todo lo negativo; el escarabajo, símbolo del dios Khephera; el Ojo de Horus, o el Ankh, entre muchos otros, son todos ellos activadores de esa fuerza energética protectora.

EL ANILLO ATLANTE

Este es un amuleto fascinante por la historia propia que tiene detrás. Es un anillo que, nada más verlo, llama la atención y puede incluso que te atraiga de forma inexplicable.

Anillo atlante

Según cuenta la historia de este talismán y amuleto, y según dicen, este anillo es un legado que llegó a manos egipcias de la antiquísima civilización hundida, la Atlántida, y que a su vez dicho anillo guardaba los secretos de otras civilizaciones más antiguas que ella, como es la destruida y desaparecida civilización de Lemuria. Solo este dato, sea cierto o no, a mí ya me motiva lo suficiente como para conocer más sobre él.

Las formas geométricas de este anillo son muy particulares, casi diría extrañas. Además, los investigadores y radiestesistas apuntaron de este anillo que sus proporciones son las adecuadas para compensar las energías telúricas y cósmicas. Formas como la proporción áurea *Phi*. Los estudios científicos de hoy en día han puesto en valor este amuleto gracias a las nuevas tecnologías, como la cámara Kirlian.

Pero, antes de detallar las virtudes y beneficios que ejerce a su portador, este anillo viene marcado por una leyenda que creo importante destacar aquí como dato curioso.

Howard Carter, según su círculo más íntimo, lo llamó «poderoso talismán de la defensa», y ahora te cuento por qué. La historia apunta a que este anillo fue descubierto en 1860 en una tumba del Valle de los Reyes, en Egipto. En el libro *El anillo atlante* de José Miguel Arguix Moreno, puedes encontrar al detalle el hallazgo de este anillo.

Lo creamos o no, este anillo poderoso tiene magia, magia que está marcada por una característica que lo dota aún de más interés. Según cuenta la leyenda, el descubridor de la tumba del faraón Tutankamón, Howard Carter, no se vio afectado por la terrible maldición que no solo acabó con la vida de lord Carnarvon, sino también de otros que lo precedieron, como Audrey Herbert, que estuvo presente en la apertura de la cámara real y que murió de forma inexplicable. Pero Howard Carter, gracias a llevar el anillo atlante, sobrevivió a la maldición, o al hongo mortal que creció en la tumba cerrada y que se liberó cuando el aire entró en la cámara funeraria. ¿No os parece más que fascinante? ¿Qué poder encierra este anillo?

Pues bien, este anillo consta de unos dibujos geométricos, una sabia mezcla de los trigramas del *I Ching* y de la numerología cuneiforme babilónica, muy posiblemente legada por los atlantes. Tres líneas centrales configuran el símbolo del fuego, que está representado geométricamente por el triángulo; el anillo tiene cuatro orificios y la línea del infinito, que semeja a un ocho tumbado o lemniscata en su interior[36].

Las aplicaciones del anillo atlante son muchas, pero una de las más importantes es que forma un escudo protector que aleja el mal creando un campo de protección energética, por lo que es el amuleto perfecto para alejar de nosotros y de nuestra vida el mal de ojo.

EL AMULETO DE LA HIGA

Este es uno de los amuletos más conocidos en el mundo occidental. Su procedencia es antiquísima y normalmente están hechos de muchos materiales distintos; coral y cristal de roca son los elegidos mayoritariamente para elaborar las higas debido al poder de dichos materiales, pero el más efectivo es el que está realizado con azabache, un mineral de color negro y con unas propiedades mágicas de por sí, y que, unidas a la forma de la higa, conforman el tándem perfecto para ser un amuleto altamente efectivo.

---

36 *El anillo atlante*, José Miguel Arguix.

Durante miles de años al azabache se le ha atribuido un carácter protector contra todo mal, y es considerado como el talismán del Camino de Santiago y el protector del peregrino.

Pero, volviendo a la higa, también llamada de muchas formas distintas —la mano de la diosa anciana, la figa, puñeta, mano negra, mano poderosa, manina, manezuela, cigua—, es muy conocida en la península ibérica como un amuleto relacionado con la madre primigenia, también con las vírgenes negras, siempre identificadas con centros de cultos paganos y asociada a Ana o Ataegina, por ser venerada por los primeros íberos.

Higa de azabache

La higa o figa es un amuleto que tiene la forma de un puño cerrado con el dedo pulgar asomando levemente entre el dedo corazón y el índice. Su efecto siempre ha sido el de repeler el mal de ojo, indicando a su vez desprecio y protección ante cualquier mal acechante. Es un poderoso amuleto que se ha utilizado desde siempre contra la envidia y los celos, y también para proteger de las enfermedades y contrarrestar los hechizos, conjuros y amarres de las brujas y magas. Posee un poder casi idéntico a la Mano de Fátima para los musulmanes y la Mano de Mirian para los judíos, pues parecen tener el mismo origen.

Hasta la realeza la utilizó, y, como prueba de ello, es interesante resaltar el cuadro pintado por Diego Velázquez del infante y príncipe de Asturias Felipe Próspero, hijo de Felipe IV de España y Mariana de Austria, llevando en su hombro izquierdo dicha higa de azabache.

El príncipe Felipe Próspero, obra de Diego Velázquez.

No era de extrañar que en la España del siglo XVIII se utilizara la higa a la mínima de cambio, o que las mujeres, matronas, niños e incluso marinos llevaran este amuleto, que sacaban en presencia de cualquier amenaza o gesto envidioso, diciendo: «Toma la mano», a lo que el que se encontraba enfrente, si se sentía aludido y quería estar libre de toda sospecha de ser aojador, debía responder con esta frase: «Dios la bendiga».

También se ha utilizado, y se sigue utilizando, el propio gesto de la higa para conservar la energía propia, la vitalidad, el ánimo y la alegría, para que nadie nos la robe, como pudiera hacerlo gente tóxica, personas posesivas, personas que siempre se están quejando, o ante posibles vampiros psíquicos. Se dice, al igual que sucede con cualquier otro amuleto, que debe ser regalado y que, cuando se pierde o se rompe, es que ya ha hecho su efecto.

LA MANO DE FÁTIMA O HAMSA

Hay amuletos a los que uno les tiene más fe que a otros, bien por su tradición cultural, bien porque sienten que ese talismán es el que los tiene que acompañar en ese determinado momento de su vida. Dicen que son ellos, los amuletos, los que te buscan a ti, al igual que sucede con las gemas y minerales.

El uso del Jamsa o Hamsa está documentado desde la Antigüedad. La usaban ya los púnicos (desde el 820 a. C., en el norte de África), quienes la asociaban con la diosa Tanit, aunque es posible que sea aún más antigua.

En un pasado, el Hamsa, término árabe que significa «cinco», ha sido utilizado por judíos y pueblos del norte de África como amuleto o talismán, pero lo cierto es que esta también llamada Mano de Fátima se ha convertido en un motivo de expresión de la fe monoteísta distinguida y amada por sefardíes y musulmanes, como un memorándum de Dios para recibir su protección y bendiciones.

El cinco como número mágico siempre ha sido de por sí un talismán potente, ya que cinco son los dedos de una mano, cinco son los libros de la Torá (Antiguo Testamento), los cuales fueron escritos por Moisés: Bereshit (Génesis), Shemot (Éxodo), Vayikrá (Levítico), Bemidbar (Números) y Devarim (Deuteronomio). Cinco son los elementos: aire, fuego, agua, tierra y éter, como quinto elemento.

Foto propia de una de las casas trogloditas de Matmata en Túnez.

Para los musulmanes, la Mano de Fátima está relacionada con los cinco pilares del islam a partir de los cinco dedos representados en el símbolo. Estos cinco pilares son los siguientes:

- *Shahada*, o la profesión de fe. Aceptar la profesión de fe: «No hay más Dios que Alá, y Mahoma es el enviado de Alá».
- *Salat*, o la oración. Realizar las oraciones diarias a Dios mirando hacia La Meca.
- *Zakat*, o la limosna. Hacer obras de caridad y la limosna.
- *Sawn*, o ayuno. Ayunar durante el Ramadán, que se inicia con la Hégira, la huida de Mahoma a Medina.
- *Hajj*, o peregrinación a La Meca. Peregrinar a La Meca, al menos una vez en la vida de cada musulmán, si dispone de medios para hacerlo y salud.

El cinco simboliza a su vez el pentagrama que identifica a la escuela de Pitágoras y es el signo del hombre, y así podía seguir... Pero lo que nos ocupa es el poder que tiene la Mano de Fátima, en alusión a Fátima az-Zahra, hija de Mahoma, que también se reconoce con este otro nombre: la Mano de Mirian, o Mano de Dios en algunas otras culturas.

La Mano de Fátima o Hamsa representa la obtención de bendiciones, de poder y de fuerza, así como protección contra el mal de ojo. Es muy habitual encontrársela en las puertas de las casas para proteger a los hogares y a las familias. Para el pueblo bereber, el Hamsa —«cinco»— es un número asociado a la buena suerte.

Pero ¿por qué se le llama Mano de Fátima? Os voy a contar una historia:

> El profeta Mahoma, fundador del islam, tuvo una hija, la bella y virtuosa Fátima, a la que los musulmanes veneran con gran devoción.
> La historia cuenta que en una ocasión estaba Fátima muy ocupada en la cocina preparando la comida cuando su marido, Alí, llegó inesperadamente. Al oírlo, Fátima abandonó

sus quehaceres y fue a recibirlo. Sin embargo, quedó tristemente decepcionada al ver que su esposo llegaba acompañado de una bella y joven concubina.

Prudente, Fátima guardó silencio y, atormentada por los celos, regresó a la cocina. Pero, inmersa en oscuros y tristes pensamientos, no prestó atención a lo que estaba haciendo: tenía una olla al fuego con caldo hirviendo y, más atenta a su tristeza que a su trabajo, metió la mano dentro y empezó a remover el guiso.

Tan absorta estaba que no sintió dolor, pero Alí vio lo que estaba haciendo y, horrorizado, se abalanzó sobre ella, gritando. Fue entonces cuando Fátima se dio cuenta de que se estaba quemando la mano y la sacó de la olla.

Desde entonces «la Mano de Fátima» se convirtió en un símbolo importante en el mundo musulmán.

Hay otra versión únicamente escuchada en la región de Chaouen, situada en el noroeste del país, en las estribaciones de las montañas del Rif, cerca de Tetuán, en Marruecos, que dice que, cuando su marido, Alí, se disponía a ir a la batalla, ella le impuso su mano y rezó por él para protegerlo. Al salir victorioso de la batalla, supo que la mano de su esposa lo había protegido.

Otra historia nos dice que los seguidores de Mahoma, después de la guerra de El Bedr Hanin, se dirigieron a Fátima y le preguntaron por qué no llevaban ellos algún símbolo o estandarte que los representara. Fátima, sin dudarlo, untó su mano con la sangre de un herido de la batalla y la colocó sobre su velo. Creando así un símbolo que los representaría.

Y es que la Jamsa o Hamsa, o Mano de Fátima, Mano de Mirian (por ser la hermana de Moisés), es sin duda alguna uno de los amuletos que trae buena suerte y dota de las virtudes de paciencia, fidelidad y fertilidad, además de su poder de protección, especialmente a las embarazadas, por su protección de la matriz.

A ellos han sido atribuidos muchos milagros. De hecho, cuenta la leyenda que, cuando Fátima se entregaba con fervor a la tarea de rezar en medio del desierto, su fe era tan certera y fuerte que era capaz de conseguir que lloviese, provocando el nacimiento de miles de coloridas flores en medio de la marea de arena del desierto.

Una nota curiosa: nos podremos encontrar con la figura de esta Mano de Fátima tanto en su posición orientada hacia arriba como orientada hacia abajo, y cada postura significa algo distinto. Si la Mano de Fátima está orientada con los dedos hacia arriba, confiere la protección contra cualquier mal, como serían los celos, la rabia, la envidia, el mal de ojo. En el caso de que la Mano de Fátima esté orientada con los dedos hacia abajo, otorga atributos como paciencia, felicidad, riqueza o suerte, entre otros, y, por supuesto, es un amuleto a tener en cuenta.

LA CRUZ DE CARAVACA

Es de sobra conocida la Cruz de Caravaca, sobre todo en la región de Murcia, por estar allí situado el castillo santuario de la Santísima y Vera Cruz de Caravaca, que apareció el 3 de mayo de 1232 en tierras caravaqueñas.

Hay una leyenda que forma parte del imaginario colectivo en la que se cuenta que el emir de la ciudad, Ceyt Abuceyt, al llegar unos cautivos cristianos, preguntó al clérigo Ginés Pérez Chirinos, que venía entre ellos, cuál era su oficio. El clérigo respondió que él celebraba misa. El emir mandó que se preparara lo necesario para satisfacer su curiosidad sobre el ritual cristiano. El clérigo, a punto de iniciar la celebración de la misa, o recién iniciada, queda paralizado momentáneamente en su tarea al comprobar que no disponía de la cruz. Al decir el sacerdote que precisaba de un crucifijo para tal menester, aparecieron dos ángeles que, transportando el relicario con el *Lignum Crucis*, lo colocaron sobre el improvisado altar. La milagrosa aparición hizo que el emir y toda su corte se bautizaran, adoptando la religión cristiana. Hay muchas versiones de esta historia, pero, según nos cuenta Indalecio Pozo en su artículo «Una versión poética de la aparición de la Cruz de Caravaca», esta trascripción forma parte de la búsqueda de fuentes manuscritas e iconográficas sobre la Cruz de Caravaca.

Cruz de Caravaca

En realidad, la Cruz de Caravaca es uno de los talismanes que se consideran con mayor poder de protección por el mundo cristiano, representa lo místico y lo divino por ese plano vertical por el que debemos ascender espiritualmente. Debido a su gran poder, esta cruz concretamente se convirtió en artilugio indispensable para los exorcismos realizados por los sacerdotes, ya que se dice que, con su sola presencia, tiene el potencial de expulsar las entidades malignas, por lo que es perfecta para protegernos de todo mal, ya sea en nuestro hogar o en el lugar de trabajo, y tiene el poder de ahuyentar el mal de ojo, si se tiene, o de curarlo, en el caso de que se esté aojado. Esta todopoderosa cruz se encarga de limpiar nuestra aura y protegernos de las malas energías de los lugares.

Algo a destacar y que merece la pena señalar es la firme creencia de que esta cruz es portadora de dones. Según las doctrinas ancestrales, los bebés que de nacimiento traían consigo marcado en el cielo del paladar la forma de la Cruz de Caravaca eran niños especiales que desarrollarían desde su niñez dones como la clarividencia, mediumnidad y el poder sanador.

Así comienza una de las oraciones para preparar la cruz para su uso y para que nos proteja de los males. También puedes hacer que se bendiga por un capellán o que sea bañada en agua bendita.

> Poderosa Cruz de Caravaca, me amparo en tu infinito poder, esperando que tu fuerza aleje todo mal que busque dañarme. Resguárdame de cualquier enfermedad o peligro que quiera atacarme.
> Invoco tu protección en cualquier escenario.
> Protégeme de penas, dolores, tormentos y amenazas. De todas las dificultades que no pueda vencer por mí mismo. Guíame con tus arcángeles, Santa Cruz Bendita, por el sendero de la prosperidad, el bienestar y el progreso.
> Te suplico cruz bendita que tu poder llegue a mi vida.

Al finalizar la oración, se debe encender una vela blanca y colocar la cruz cerca de ella.

CORNICELLO

Siempre es importante conocer un poco la historia y el origen de cada uno de los amuletos para así poder comprender su utilidad y a qué es debida su utilización o su devoción por las personas.

Este objeto, como habrás podido comprobar, porque su nombre así lo indica, se trata ni más ni menos que de un objeto con forma de cuerno. *Cornicello* es una palabra italiana que significa «cuerno pequeño», también llamado «cuerno portador de la buena fortuna», y es un amuleto para ahuyentar el mal de ojo, muy apreciado en Italia, particularmente en la región de Nápoles.

La mitología en referencia a este objeto, que es bastante extensa, con diferentes versiones nos cuenta que Zeus le hizo a su hijo un *cornicello* o «portafortuna» de uno de los cuernos de la cabra nodriza Amaltea[37].

En general, a este amuleto se le consideraba portador de la abundancia y de riquezas inalcanzables; si no, acordaos de la diosa Fortuna, representada generalmente con el cuerno de la abundancia repleto de flores, frutas, miel y grano.

Pero en realidad los cuernos ya desde la Prehistoria tenían un carácter de protección, de elevación, de poder, siendo a su vez ahuyentadores del mal.

---

[37] La ninfa que fue nodriza de Zeus, que también es representada como la cabra que amamantó al dios infante en una cueva de Creta.

El simbolismo del cuerno ha sido asociado en casi todas las culturas y siempre se ha vinculado al sol en cuanto a su realeza y fuerza, pero también se emparenta con la luna creciente y la menguante, que son particularidades de las diosas madres y la fertilidad.

En el Libro de los Muertos egipcio, por ejemplo, encontramos al «señor de los Cuernos» en referencia al famoso carnero Amón. Pero, volviendo al *cornicello*, ya se utilizaba siglos antes de Cristo un amuleto que se colgaba al cuello al que llamaban «itífalo»[38], contra el infortunio y la mirada nefasta.

Originalmente, los *cornicellos* se parecían al itífalo, pero derivó al cuerno retorcido, que tiene que tener una punta fina para alejar al mal de ojo. Pero, si quieres hacerte con uno, tienes que tener en cuenta estos requisitos: en primer lugar, tiene que ser de color rojo, si es de coral, estupendo, aunque también los hay de arcilla, hechos por manos artesanas que, al moldearlos, les traspasan el poder y los buenos dones, y, en segundo lugar, para que se haga efectiva su gracia, debe ser regalado.

Hoy en día todavía muchos nativos de la ciudad de Nápoles no dudan en hacer el signo de los cuernos con el dedo pulgar, el índice y el meñique apuntando al suelo para alejar al mal de ojo. Y como curiosidad, decirte que por todas partes podrás encontrarte con este amuleto fetiche, no solo en la vía San Gregorio Armeno (la de los belenes con figuras artesanales).

---

38 Un amuleto en forma de pene que colgaban al cuello de los niños para preservarlos de ciertas dolencias, como el mal de ojo o la envidia. Las vestales lo adoraban, persuadidas de que las defendía de la envidia.

OTROS OBJETOS APOTROPAICOS A TENER EN CUENTA

De nuevo tengo que volver la mirada a la Torá para hacer alusión a algo que normalmente hemos vivenciado o habremos escuchado de boca de alguien. Y a pesar de que partimos de la base de que todos somos buenas personas y que no le deseamos el mal a nadie, no podemos negar que en alguna que otra ocasión nos hemos encontrado con esta disyuntiva mental que va en contra de nosotros mismos, y más si hablamos de la ley de «causa y efecto», principio que encierra la verdad de que todo efecto tiene su causa, y toda causa, su efecto[39]. Principio de la filosofía hermética.

Cornicello de coral. Cuerno portador de la buena fortuna.

---

39 *El Kybalion*, Los tres iniciados.

Voy a ponerte un ejemplo simple, además te resultará familiar, porque seguro que lo habrás escuchado y en algún momento puede que también lo hayas pensado o pronunciado. Este tipo de pensamiento-acción es algo más habitual de lo que parece, pues la debilidad humana, crispada en ocasiones, nos lleva a la comparación, y la comparación, a la rivalidad; la rivalidad, a la envidia, y la envidia, a la tristeza, y de la tristeza, al enojo… Fíjate cómo se enreda y se enrosca este pensamiento de envidia que aparentemente parece inofensivo y superficial.

Ejemplo: «¿Por qué ese tiene tanta fortuna, viaja, tiene una casa nueva, se ha comprado un coche, y a mí, que soy mejor que él, me está costando tanto esfuerzo conseguirlo?»

En realidad, en este ejemplo se está gestando, lo queramos ver o no, una potente forma de envidia. Por un lado, proyectamos verbalmente que la otra persona es inferior y que el bienestar de «ese otro» —que normalmente no podemos ni ver, o nos cae fatal, ya sea familiar, amigo, compañero de trabajo, vecino, etc.— nos causa sufrimiento, por lo que debemos admitir que tenemos un problema, ya que comparamos nuestros logros o no logros con el otro, y además estamos, a través de la palabra, proclamando que nos cuesta mucho «conseguir» nuestros objetivos y deseos. Con lo que aquí entra otra «ley universal» en juego, la ley de que lo afín atrae a lo afín, que también es conocida en la filosofía hermética como «Ley de Afinidad o Correspondencia», ya que lo negativo atrae a lo negativo; lo positivo, a lo positivo. ¿Veis? Esto es más serio de lo que parece. Nuestros actos, nuestros pensamientos, nuestras palabras lanzadas, bien desde la rabia, bien desde el egoísmo, desde el resentimiento o desde el poco o nulo afecto, generan inconscientemente unas ondas energéticas y un campo de cultivo a nuestro alrededor y más allá, que germina y da una respuesta de vuelta, más pronto que tarde. Ahí, reside un peligro que lleva al *Ain Hara* o mal de ojo, tenlo en cuenta. Ya Sigmund Freud hablaba del poder de la envidia ajena.

Tras este ejemplo, estoy recordando un estudio que hizo en 1951 el psicólogo estadounidense Solomon Asch sobre la conducta humana, y es que los triunfos ajenos han marcado —y siguen marcando por desgracia— unas consecuencias nefastas en los seres humanos. Este estudio fue conocido como «síndrome de Solomon», y las personas que lo padecen suelen tener la autoestima muy bajita, ya que no desean sobresalir o destacar por el temor a ser excluidos de una sociedad en la que no está bien visto resaltar dentro del entorno social que nos rodea, porque, siendo así, «si te sales del redil», se experimenta la insidiosa envidia. Entonces, el miedo es el elemento discordante que los lleva a evaluarse, entrando en juego la falta de sinceridad para con uno y para con los demás, porque, cara al exterior, está mal visto que todo nos vaya bien, y lamentablemente este tipo de actitud nos lleva a fijarnos más en las carencias, costándonos más alegrarnos por el bien ajeno.

Como veis, es nuestra responsabilidad el conocer que nuestros actos egoístas también son portadores de estados negativos hacia los demás y hacia nosotros mismos, y que, por más que nos empeñemos en llevar o protegernos con objetos apotropaicos, estos quedarán anulados por la fuerza y el campo energético negativo de nuestros actos, pensamientos o comportamientos. No obstante, quiero seguir aportando en este libro aquellos amuletos que han sido y siguen siendo utilizados por la humanidad a lo largo de la historia. Unos más que otros, algunos visibles, otros se llevan escondidos entre la ropa. Hay personas que los llevan y no saben su significado, ya que algunos de estos objetos se han convertido en moda o tendencia, pero ahí están, de un modo u otro, formando parte de nuestra vida cotidiana.

Hay una gran variedad de amuletos que se han utilizado. Sin embargo, explicar cada uno de ellos llevaría a compilar una completa y extensa obra literaria, y yo no pretendo eso, sino nombrarte los más socorridos y utilizados. Por ejemplo, los escapularios también son muy populares en el mundo cristiano para la protección de dicho mal y no se exhiben, sino que se llevan en un lugar oculto, entre la ropa o en el cuello, porque en realidad es un objeto devoto formado por dos pedazos pequeños de tela con la imagen de la Virgen del Carmen, unidos con dos cintas que se usan para la protección de niños y mayores.

Escapulario con la Virgen del Carmen

El Ojo de Shiva

Es un opérculo de nácar de una concha llamada Turbo, que se utiliza para alejar el mal de ojo, muy típico en la India. Aquí tenemos otro de los amuletos importantes que está destinado a ser un escudo contra los influjos negativos, pero habrá que preguntarse algo: ¿quién es Shiva?

Shiva es el dios de la naturaleza, es quien domina y controla los elementos. Es el dios del misterio. Es el dios del caos. Es el dios del tiempo que destruye, de la muerte que cambia y de la vida que se regenera. Es el dios de la aceptación, el dios del conocimiento, de la abnegación y del sacrificio. Su nombre significa «benevolente». Es el médico que cura, el que hace el milagro y se compadece de los sufrimientos de las criaturas. Shiva es el dios del ascetismo. Simboliza el control sobre uno mismo. Es el dios de los marginados; es el dios de la totalidad. En el marco del hinduismo, Shiva es uno de los dioses de la Trimurti (tres-formas, la Trinidad hinduista).

Ojo de Shiva, también conocido como Ojo de Santa Lucía.

En Shiva se representa el tercer ojo de este dios, el que «ve más allá de lo evidente».

También este opérculo es conocido, sobre todo en los pueblos del Mediterráneo, con el nombre de Ojo de Santa Lucía, y se suele llevar engarzado a modo de joya.

La leyenda cuenta que Lucía se arrancó los ojos y los tiró al mar en ofrenda a la Virgen María por la curación milagrosa de su madre. En respuesta a su devoción, la Santa Virgen le devolvió la vista a Lucía, concediéndole los ojos más bellos que jamás hayan existido.

Esta especie de fósil se puede hallar en las playas del Mediterráneo, y encontrarlo por ti mismo es sinónimo de que los ojos de santa Lucía ya te miraban para protegerte del mal de ojo.

Ya la medicina tradicional y la antropología recogía esta especie de caracol Astrea o bolma rugosa, como portadora de buena suerte, capaz de calmar los dolores, y en el Madrid del siglo XIX, nada menos que Pérez Galdós destacó la notoriedad que tenía este opérculo con forma de espiral contra el mal de ojo y como remedio para el dolor de cabeza, males de la vista, dolor de oídos, y para asegurar la buena fortuna. Y es bien curioso que en una de sus obras describe a una chulapa madrileña portando un anillo con el «Haba de mar», que es otro de sus nombres.

Y como curiosidad, más que otra cosa, debo mencionar esta superstición que dice prevenir de que a uno lo aojen, y era llevar una prenda del revés. Hoy todavía se cree que trae buena suerte.

Las tijeras

Otro de los utensilios más utilizados en las regiones de Castilla-La Mancha, y que se suele tener siempre en el costurero, son las tijeras. Estas eran utilizadas cuando se intuía que el mal podía acechar a un hogar. ¿Y cómo se utilizaban dichas tijeras? Este simple objeto debía utilizarse de la siguiente forma para que fuera efectivo, se decía que era tremendamente eficaz y poderoso para ahuyentar el mal.

Todos queremos que nuestro hogar esté rodeado de buenas energías, de salud y prosperidad para que se respire un ambiente sano y alejado de conflictos y malas rachas. Para comenzar con este ritual de las tijeras, estas debían colocarse bajo el colchón a la altura de la cabeza y abiertas, con las puntas de la tijera apuntando hacia los pies; de esta forma, protegeremos nuestros sueños, se irá toda la energía negativa, permaneceremos inmunes al daño que otros puedan causarnos y además dificultará las visitas de las almas que intenten perturbarnos mientras dormimos.

Muchas veces pensamos que la mala racha puede venir de un embrujo, de un mal de ojo o cosas por el estilo, pero, de hecho, la mayoría de las veces la energía negativa sale de acciones muy comunes dentro de los hogares, como, por ejemplo, discutir; tener malos pensamientos que callamos y que van haciéndose grandes; sujetar rencores, o estar malhumorado y con mal carácter. A lo largo de los días, estos estímulos negativos o densos se van acumulando y se transforman en lo que también podíamos denominar «mal de ojo», así me lo contaban lugareñas de Castilla-La Mancha.

La razón por la que este utensilio tan común tiene un efecto defensor y protector deriva en lo siguiente: si miramos sus aspas, parecen espadas, y en la Antigüedad las espadas servían para eliminar al enemigo; de hecho, los ángeles y arcángeles en su iconografía son portadores de espadas, espadas de luz en su versión más mística. Y al abrir las tijeras, también formamos una cruz, cruz que también nos protege; en su aspa vertical nos aproxima a la divinidad de Jesús, y en la horizontal, a su humanidad.

Las llaves

Las llaves tienen de por sí un significado y un simbolismo esotérico que muchas tradiciones de todo el planeta conocen bien y han adoptado como amuleto. En España, sobre todo en las masías o casas de campo, era y sigue siendo muy habitual ver colgado un manojo de llaves. Esto tenía un porqué.

La llave sirve para abrir puertas y para cerrarlas; pues bien, según la forma de ritualizarlas, valía para un menester o para otro. Normalmente, eran preparadas para que los que habitaran la casa disfrutaran de prosperidad, y ya que las llaves abren los caminos, que estos fueran prósperos en lo que se refiere a la salud y el dinero. Llevar, por ejemplo, una llave de oro es un gran amuleto contra el mal de ojo.

Ahora voy a hablaros de varias semillas tradicionalmente utilizadas por gran parte de la población de Sudamérica y que podemos ver en mercadillos, como son, por ejemplo, el ojo de venado y el *huayuro*.

El ojo de venado

Su nombre científico es *Mucuna mutisiana* (*Kunth*), y es uno de los amuletos naturales contra el infortunio. Se trata de una semilla tropical de la planta del *Bejuco trepador* —también a esta semilla se la conoce por el nombre de «ojo de buey»—. En realidad, todo aquello que se asemeje a un ojo se convierte en un fetiche protector, y esta semilla recuerda mucho a una mirada de venado que, en lugar de ser amenazante para el ser humano, resulta ser un amuleto que lo convierte en uno de los más preciados por la extensa lista de propiedades benefactoras y de cualidades mágicas que solo conocen ciertos chamanes de Centroamérica.

Para empezar, y por enumerar esa extensa lista de propiedades, he de decir que es un auténtico protector y crea un escudo infalible para cualquier envidia, maleficio, malas intenciones o ruines deseos hacia ti. Repele las malas vibraciones y, como todo buen amuleto que se precie de tener, debe ser regalado.

Semillas de *huayruro*

El huayruro

Es su nombre indígena oriundo del Perú, el *huayruro* es una semilla que proviene de un árbol conocido con varios nombres, como, por ejemplo, amargo blanco, baracara, palo de matos, peonio...

Parece un frijol por su forma y por su tamaño, es de color rojo con una pequeña mancha negra y, según cuentan, fue un regalo de los incas para nuestra protección contra la envidia y también contra los falsos amigos.

A los niños pequeños se les pone con una cintita roja, y esta semilla debe ser untada con aceite de oliva y no dejar que nadie la toque.

Ojos de venado

Plantas de poder y minerales

No puedo olvidarme de la gran sabiduría ancestral de las plantas, siempre compañeras del hombre para aliviar sus malestares físicos y psíquicos. Es la botica primitiva a la que el hombre siempre ha acudido para preparar ungüentos, pócimas, y también para conseguir estados alterados de consciencia.

A diferencia del hombre actual, el hombre primitivo, conectado mucho más a la naturaleza, siempre ha sabido que en las plantas ha existido un espíritu asociado a cada especie que la dotaba de unas características únicas. Es muy difícil rastrear desde cuándo el hombre conoce las propiedades de las plantas y quién le enseñó a distinguirlas. Se habla de los dioses, y de que muchos hombres tenían la capacidad de conectarse tanto con las plantas como con los animales en una especie de diálogo interno, guiado por las vibraciones, y externo, por la textura, los colores y los olores.

Es muy curioso, pero hoy en día se están certificando estudios en los que se ratifican esta serie de datos que nos han transmitido las generaciones anteriores sobre el lenguaje de las plantas y su potencial, y cómo nosotros nos interrelacionamos con ellas. Plantas, árboles, arbustos, flores, semillas..., toda una botánica sanadora al alcance de nuestra mano y que lamentablemente no llegamos a conocer del todo, excepto los farmaceutas y botánicos que dedican su vida entera al conocimiento de las plantas, pero, como este libro va expresamente a tratar el mal de ojo, voy a enumerar muy por encima las plantas que se utilizaban o se siguen utilizando para prevenir y sanar el aojamiento.

Comencemos por el ajo, que no solo lo utilizaban para ahuyentar a los vampiros. Se dice que ahuyenta el mal de ojo llevándolo pelado y envuelto en un paño blanco. El ajo en el antiguo Egipto se encuentra en un considerable número de tumbas, como parte del ajuar funerario, y era tan importante para ellos que los reprodujeron en forma de arcilla o en piedra, a fin de que tomara forma mágica.

A su vez, la tradición más arcaica y también la sabiduría rural dicen que tener en casa una planta de mandrágora era la forma más sencilla de evitar el mal de ojo; ahora bien, esta planta en la Antigüedad era delatora del lugar exacto donde había o vivía una bruja.

La ruda también es una planta de poder que se utilizaba desde tiempos remotos por hechiceras, por sanadoras, y que tiene unas propiedades importantes a señalar que van desde ser una planta abortiva hasta ser un gran sedante, antiespamódica y digestiva. Esta mágica planta se utiliza a modo de amuleto protector del mal de ojo si se ponen brotes de ruda cruzados detrás de la puerta de acceso para proteger a todos los habitantes de la casa contra el mal.

Igualmente se puede utilizar bajo la almohada la hierba de San Juan o el romero, que, colocadas en forma de cruz, extraen sus virtudes benefactoras, apropiadas para emplearlas como remedio mágico contra el mal de ojo.

«El aceite de oliva», «Oli d'oliva que el mal lliga» o «Aceite de oliva que el mal liga» es el inicio de una oración típica de mi tierra para anudar el mal; de ahí que, aparte de todas las propiedades benéficas para el cuerpo de este oro líquido, también se utilizara como escudo protector del mal de ojo.

El incienso

Había una leyenda del antiguo Egipto que decía lo siguiente: «Las perlas de incienso son las gotas de sudor que los dioses dejaban caer sobre la tierra, tierra de la que nacía un árbol, y con las ramas que caían de él, hacía su nido el ave fénix, que siempre renacía de sus cenizas».

Con esto ya está todo dicho, particularmente yo soy usuaria de incienso de olíbano, uno de los que más me atrae y más potente es, por lo menos bajo mi punto de vista.

Los Reyes Magos de Oriente cargaron sus dromedarios con varias de las materias divinas —se decía que oro, como rey; incienso, como dios, y mirra, como hombre—, para llevarlas como obsequio al recién nacido Rey de Reyes. Y aunque la Biblia no especifica de dónde procedía tan preciado regalo del incienso, los omaníes aseguran que venía del territorio que hoy constituye su país, porque no nos olvidemos: «los magos venían de Oriente».

Es probable que estén en lo cierto, porque Omán ha repartido su incienso por todo el mundo a través de los tiempos.

Perlas de incienso

Esta resina del olíbano, un árbol que solo crece en Omán y en algunas partes de Somalia, ha estado envuelta en un sinfín de leyendas. Durante siglos, tuvo tanto valor como el oro. Plinio el Viejo dejó escrito cómo el emperador Nerón quemó toda la producción anual de Arabia en el entierro de su esposa Popea, y hasta Alejandro Magno, atraído por este gran tesoro, planeó invadir esa parte del mundo para controlar el comercio desde su origen. La muerte le impidió llevar a cabo tan ambiciosa gesta.

Casi todas las creencias religiosas han hecho uso de la resina sagrada. Entre sus utilidades en la Antigüedad, estaba la de camuflar el olor de los muertos durante los velatorios, o la de embalsamar los cadáveres, como se hizo con Tutankamón y otros muchos faraones egipcios. Pero también son muchas otras las utilidades que se obtienen de estas preciadas «gotas de sudor de los dioses».

Hay dos tipos de incienso de olíbano: uno para quemar y otro para mascar. Sí, porque también se masca, y sus beneficios son muy apreciados en Omán. Así me lo explicó un nativo: «Las perlas más blancas se seleccionan, nosotros utilizamos ese incienso como medicina. Las metemos en un vaso con agua y esperamos un rato. Ese líquido es muy bueno para la tos, la circulación y los problemas de estómago».

Yo puedo decir que masqué una perla, y la sensación es muy fuerte, gomosa y potente. Ya Avicena (médico, filósofo y científico) la utilizaba como medicina.

Según me dijeron, a golpe de cuchillo (un cuchillo con punta redondeada), se levanta la corteza de olíbano, y entonces rezuma la sagrada y dorada resina, que se convierte en perla al rozarla el sol.

La olorosa savia está presente en cada rincón del país, y los omaníes la siguen consumiendo en grandes cantidades, sus zocos están impregnados de incienso, de esencias y aceites. Los hombres perfuman un pequeño penacho de hilos que forma parte de su *disdasha* (traje tradicional) y que cuelga junto al cuello, para acercárselo a la nariz, y las mujeres perfuman sus armarios colocando un quemador para que el humo se meta por las fibras de su ropa. Incluso un gigantesco quemador —eso sí, apagado— domina la parte antigua de la capital, Mascate, como símbolo de lo que significa para ellos el fruto del olíbano, que la aleja del mal de ojo.

Monumento al incienso en Mascate, Omán.

La magia de la resina del incienso más preciado continúa viva en las sombras que los olíbanos proyectan sobre el pétreo desierto de Omán.

Los minerales

Siempre me han fascinado por sus formas, por su color, por su textura, aunque se dice que los minerales tienen un poder de atracción muy especial, y que son ellos los que te buscan a ti. En realidad, los minerales han formado parte de mi vida desde que tengo uso de razón y me han acompañado siempre, bien como cantos rodados o a modo de joyas, bien como piezas indispensables en mi hogar, en el despacho, y hasta en la cocina disfruto de tener piedras naturales que armonizan el momento de alquimia que es cocinar. Los he utilizado para sanarme, para meditar, he regalado infinidad de ellos, y con ellos me he vinculado con la esencia más profunda: la de la reflexión y conocimiento de mí misma. Pero en esta ocasión quiero destacar unos pocos, los que pueden ayudaros y acompañaros en los procesos de liberación de emociones densas o aquellos que ahuyentan y protegen contra el mal de ojo.

Todos los minerales ejercen unas cualidades especiales, tanto para la mente como para el cuerpo y el alma, pero adentrarnos en las joyas que nos regala la madre naturaleza es todo un mundo que daría para infinidad de libros y de enseñanzas que están ahí para aquel que quiera indagar sobre las propiedades de las gemas y minerales. A mi modo de ver, no solo son adornos que nos embellecen o forman parte de ajuares de la realeza, sino que estos minerales o gemas están para que mejoremos nuestra forma de ser, porque ellos son transformadores. Hay cuarzos maestros, hay cristales de sanación que tienden puentes entre el cuerpo y la mente, hay cristales mágicos; en fin, ellos han estado ahí antes de que nosotros naciéramos y seguirán estando cuando nos vayamos... Solo hay que tener cierta sensibilidad, abrir el corazón y sentir, porque con los minerales el hombre puede sentir que no está alejado de la naturaleza.

Las estructuras de los cristales de cuarzo, por ejemplo, emiten un campo energético de modo natural y crecen al igual que una planta, pero de forma mucho más lenta. Absorben energía geomagnética y cósmica, y emiten ondas electromagnéticas que afectan al campo energético del hombre; así podemos pensar que el poder de los cristales puede ser empleado para nuestro beneficio. Comencemos por el ojo de tigre.

Ojo de tigre

Este es un cristal que especialmente me atrae por su vibración, por sus líneas y efectos de luz que en muchos cantos rodados se asemejan a las pupilas de animales, como puede ser el ojo de tigre, el ojo de halcón, el ojo de buey...

Se creía en la Edad Media que el ojo de tigre podía verlo todo y a su vez mantenerte alejado de los espíritus malignos. Este mineral concede a su portador la astucia, la agilidad y la independencia que confieren este tipo de animales como el tigre, y, por lo tanto, podías esquivar los peligros acechantes.

Cuando se trata de minimizar o anular emociones negativas, como el miedo y el odio, este cristal tiene el potencial de mantener lo que nos perturba bajo otra perspectiva. A su vez, equilibra las emociones tóxicas, las inseguridades y temores, y te ayuda a mantener la mente centrada en tus verdaderos objetivos.

El ojo de tigre, al igual que el ojo de halcón o el ojo de buey, produce una emisión energética contra las miradas malintencionadas, por lo que protege de gente envidiosa, de personas celosas. Llevándola sobre el pecho, forma un escudo áurico protector, y de ahí que sea el mineral ideal para equilibrar el poder personal. No debe o no es aconsejable utilizarla para el descanso nocturno, pues es una piedra solar. Las personas que la han llevado a modo de joya tienen la costumbre de sostenerla en sus manos a la hora de meditar, sienten que les otorga un poder especial y que les infunde seguridad y fortaleza para controlar sus ansiedades y temores; se sienten menos agotadas, y su intestino funciona mucho mejor al ser una gema que se relaciona con el tercer chakra, también llamado *manipura*, que se sitúa aproximadamente dos dedos por encima del ombligo y que está muy relacionado con el sistema digestivo. Es desde este centro o vórtice de energía que cada persona percibe directamente las vibraciones de las otras personas; de ahí que, con la utilización de esta gema, se nos refuerce este punto vital, para que esté armonizado y para que las vibraciones negativas que podamos experimentar y percibir normalmente desde este punto del cuerpo podamos transmutarlas. De ahí vienen expresiones como «Se me ha cerrado el cuerpo» o «Tengo un nudo en el estómago», cuando sufrimos un impacto emocional.

Ágata ojo

Estas ágatas tienen forma de ojo. Como ya he dicho, todas las gemas que en su naturaleza se asemejan a la morfología del ojo tienen el poder y el potencial de ahuyentar las malas miradas, aunque también sirven para la búsqueda de la visión espiritual o el conocimiento del más allá.

Estas piezas de ágata ojo eran muy buscadas desde tiempos remotos para tener la visión más nítida en lo referente a los viajes astrales. Se dice que eran utilizadas sobre todo por mujeres medicina, por chamanas y también por sacerdotisas egipcias. Son consideradas grandes protectoras de energías negativas y amplifican la visión del llamado «tercer ojo». Ayudan a disolver las emociones negativas, despiertan la voluntad de la valoración del propio cuerpo y aumentan la autoestima, con lo que, de esta forma, nos creamos un escudo protector. Esta gema está muy ligada al primer chakra, también llamado *muladhara*, que se sitúa entre el ano y los genitales.

Lapislázuli

Esta es otra de mis gemas semipreciosas favoritas, y os cuento por qué. Siento especial conexión con este mineral porque está rodeado de muchas historias mágicas, además de ser muy apreciado por los joyeros de todos los tiempos, ya que desde hace seis mil años lo vienen utilizando por su atractivo color azul profundo. Con él se han confeccionado cantidad de amuletos superprotectores, sobre todo en el Medio Oriente.

En Egipto, el lapislázuli era considerado esencial para los rituales de alta magia porque se contemplaba que tenía el potencial de conexión con los dioses estelares. Además, este mineral tenía un guardián a su cargo, un guardián protector, como era la diosa Bastet, la diosa gato gran benefactora del hogar. Sus propiedades son interminables y extraordinarias, ya que este mineral tiene la capacidad de otorgar a aquel que lo utiliza de forma consciente grandes beneficios. Nada más ver su color azul profundo, te magnetiza, y es capaz de formar una protección a tu alrededor en la que te sientes protegido y reconfortado ante situaciones de la vida que sean dolorosas o difíciles de sobrellevar. Puedes tener sueños reveladores si duermes cerca de esta gema, y puede incluso que desarrolles una afilada intuición que te guíe, apartándote ante los posibles peligros, y que a su vez te potencie ese sexto sentido para saber en quién sí o en quién no confiar, salvaguardándote ante el envidioso o ante las miradas malignas. Así que este es uno de los minerales con *heka* («magia») que podemos tener cerca de nosotros.

Los egipcios tallaron con este mineral amuletos como el escarabajo sagrado, la cruz ansada o Ankh, y también está representado a modo ornamental en sarcófagos, en tumbas, en la máscara funeraria de Tutankamón, en ajuares... Solo la realeza y los sacerdotes podían llevar este preciado y precioso mineral.

Como llevo diciéndote en las anteriores gemas la correlación con el vórtice energético del cuerpo, con el lapislázuli no voy a ser menos. El lapislázuli está vinculado con el sexto chakra, también llamado *ajna*, que se sitúa un dedo por encima de la base de la nariz, en el centro de la frente. Por tanto, este color azul del lapislázuli sobre este sexto vórtice energético da al espíritu profundidad y sutileza en la percepción, por lo que nos previene de los aojamientos.

Azabache

Si recordáis, ya os hablé en el apartado del amuleto de la higa de algunas de las propiedades del azabache como protector, como buen compañero de viajes y como ahuyentador del mal de ojo. Aunque, como curiosidad, he de añadir que con este mineral se han confeccionado todo tipo de objetos apotropaicos, desde rosarios hasta joyas, que llevaban las viudas en el luto, porque este mineral es capaz de atenuar el dolor emocional.

Es un mineral negro consagrado a Saturno. Normalmente, todos los minerales negros, como pueden ser el ónix negro, la obsidiana y la turmalina, sirven para vencer los miedos y emiten una energía altamente protectora, reparadora, absorbente y libertadora. En este caso, el azabache es la gema perfecta para alejar un dolor de cabeza, cansancio, miedo y sobre todo mal de ojo. Es un excelente protector para los bebés si se coloca en su ropa, en su cuna, en su carrito de calle (te aconsejo releer el apartado del amuleto de la higa).

El filósofo y botánico griego del 371 a. C. Tirtamo, más conocido por Teofrasto, apodo puesto por Aristóteles y por el que se le conocía, fue uno de los primeros que plasmó sus investigaciones y teorías sobre las rocas y minerales, y la que voy a describir a continuación fue una de las que más le fascinó, junto con el lapislázuli.

Turmalina negra

Y siguiendo con las piedras negras que ejercen ese superpoder del que te acabo de hablar, he de destacar de este mineral, la turmalina, que es una de las gemas más poderosas en cuanto a acumulación y transmisión de energía.

Sé que hay muchas personas que tienen aversión al color negro, y más aún si se trata de una gema que tiene este matiz tan poco amable y que está asociado a un arquetipo de dolor, de tristeza, etc., o que ejerce una influencia negativa, y nada más lejos de la realidad.

Desde tiempos muy remotos, los hombres y mujeres medicina, chamanes y sacerdotes han utilizado este tipo de piedras negras para alejar el mal. Concretamente, la turmalina negra repele energías negativas, miedos, pesadillas, y construye también un arco de protección a tu alrededor. Pero ¿qué tiene esta gema de especial? Esta pregunta se la hicieron en su día cantidad de eruditos, y llegaron a la siguiente conclusión: la turmalina debía de tener algún componente mágico.

Con el estudio científico se demostró que la turmalina en su estructura tiene propiedades piroeléctricas, lo que traducido significa que, al calentarse, puede generar cantidades ingentes de energía. Además, también es piezoeléctrica, lo que quiere decir que puede contener dentro de sí cargas eléctricas, y que las ondas infrarrojas que emite permiten que las toxinas del cuerpo se expulsen de una forma más rápida y fácil.

La energía de la turmalina negra influye de forma muy positiva en tu bienestar y salud mental, pues absorbe las exaltaciones causadas por el miedo, elimina dolores, limpia el cuerpo de toxinas y de emociones negativas y, vuelvo a repetir, protege contra el mal de ojo.

Hoy en día puede ayudarnos mucho a contrarrestar todo el electromagnetismo que se acumula en la oficina o en casa, con los ordenadores, la telefonía móvil, antenas, microondas, etc. La turmalina negra es la opción más ideal para estar protegido de las energías externas.

Coral

Las barreras de corales, los arrecifes, preservan el ecosistema marino, ¿cierto? Por lo que puedes pensar que el coral también preserva nuestra armonía emocional, que pertenece al agua de nuestras emociones, que fluyen a través de cómo nos sentimos y percibimos la vida.

El coral tiene la propiedad de la protección ante la mirada nefasta, y con él también, sobre todo en los pueblos del Mediterráneo, se han construido infinidad de amuletos que se han utilizado desde tiempos muy remotos. Se asocia por su color vitalista a la alegría y la abundancia. Llevándolo sobre el corazón, tiene el poder de alejar el mal de ojo. Los ciudadanos de Nápoles con el coral hacen el famoso *cornicello*, del que también te hablo en este libro.

Y tanto el azabache como la turmalina y el coral están en asociación con el primer chakra, *muladhara*, fuente de energía vital mientras sigues el curso de tu vida.

Ámbar

El ámbar es una resina vegetal, pero no por ello menos efectiva para alejar el mal de ojo. Ha sido utilizada también por los pueblos más antiguos. Se tiene evidencia de que los primeros habitantes de la Edad de Piedra que vivían cerca de las costas del mar Báltico eran conscientes de la belleza de este material y lo apreciaban mucho. Ya desde tiempos remotos utilizaban esta resina en rituales religiosos para limpiar ambientes cargados de energía negativa o de larvas astrales, moliendo esta resina y quemándola o pulverizándola con diferentes clases de hierbas. También ha sido objeto de infinidad de figuras portadoras de buena suerte, como colgantes ornamentales que aportaban salud, fortaleza, longevidad y belleza radiante como el sol. De ahí que, como los rayos solares alejan la oscuridad, el ámbar aleja todo lo que no proporcione bienestar.

Los egipcios decían: «El ámbar puede ser el fruto fresco del cuidado de Ra (dios del sol). Los dioses viven en su dulce aroma y su color es muy parecido al sol».

El ámbar, al igual que el ojo de tigre, está relacionado con el tercer chakra. Al utilizar estas gemas, estamos proporcionando al cuerpo confianza e intuición, a la par que estamos contrarrestando el cansancio interior o el agotamiento del alma.

Madera

También se han hecho muchos amuletos tallados en madera, como cruces, rosarios e incluso mangos de bastones con figuras o formas apotropaicas.

Hay maderas muy apreciadas por su calidad y su poder mágico; por ejemplo, el cedro del Líbano, el sicomoro, el roble, el nogal, la acacia y el castaño.

La madera, dicho así suena a poco, parece que no tenga tanta importancia como los minerales que te acabo de describir, pero la madera ha sido utilizada como remedio para quitar y alejar el mal de ojo desde tiempos muy remotos. Recordad el dicho tan antiguo de «Toquemos madera» cuando, por ejemplo, pasa ante nosotros un fallecido, o cuando queremos que no nos alcance la mala suerte.

Si bien cada árbol tiene una particular historia, y cada pueblo y cada civilización han tenido en cuenta las propiedades mágicas, curativas o talismánicas. Por ejemplo, los celtas consideraban como el padre de los árboles mágicos sagrados al roble, ya que de sus ramas crecía una planta que se conoce como «muérdago» y que veneraban muchísimo por lo que representaba para los magos druidas.

Desde tiempos antiguos se ha conocido que cada especie distinta de árbol estaba asociada a un dios que le confería sus cualidades a dicha madera, y también cada árbol pertenecía a una estación del año. Por los poderes otorgados y, por supuesto, por su majestuosidad, por su apariencia, por sus frutos o por su leyenda, estos eran utilizados para diferentes acciones, bien de protección, para prestar ayuda en tiempos de carencia, para simbolizar la libertad, para presidir cultos religiosos, bien como punto de encuentro en reuniones para tratar temas importantes en los que se debían tomar decisiones.

La madera es una materia prima de efecto apotropaico que otorga cierta consistencia a lo que deseamos alejar ante lo incierto o lo desconocido, que aleja el mal o te protege de él. Pero nos cuenta la tradición que, si a ese efecto natural le añadimos la condición de que nos sirva para una determinada cosa, su efecto se multiplica por cien, por lo que le conferimos más poder de protección.

Se llevaba a cabo la quema de ciertas maderas como es el palo santo (*Bursera Graveolens*), un árbol oriundo de Sudamérica, sobre todo de Ecuador, Perú, Brasil y Argentina, utilizado desde hace siglos por los curanderos y chamanes andinos y amazónicos de las más antiguas culturas sudamericanas y centroamericanas, en sus rituales religiosos y espirituales, como remedio mágico para limpiar ambientes hostiles en los que la envidia se hace la protagonista, y también servía para curar el alma y el cuerpo de enfermos.

El humo de su combustión, de la madera seca que caía de dicho árbol, siempre se ha dicho que tenía y tiene el poder de purificar y eliminar toda mala energía.

Así que la madera siempre nos ha acompañado a la toda la humanidad como herramienta que nos ha proporcionado sustento, protección, cobijo y contacto con la madre naturaleza.

4.
PREGUNTAS MÁS FRECUENTES

Hoy en día, todavía son muchas las incógnitas que giran en torno a lo misterioso y mágico, a lo que siempre se ha querido esconder, a lo que ha tenido desde tiempos antiguos un halo de secretismo por considerarse un tema tabú. Y no es que las sociedades de otros tiempos les dieran la espalda a estos asuntos, sino que eran tratados en círculos muy comprimidos y totalmente herméticos. De ahí que, alrededor de ese secretismo que parece que va viendo la luz poco a poco, renazcan en la actualidad muchos interrogantes relacionados, en este caso, con el aojamiento.

Es totalmente necesario exponer claramente las preocupaciones que las personas sienten cuando creen que han sido aojadas, al igual que plantear aquí, sobre el papel, sus dudas y sus preguntas, y, en la medida de lo posible, esclarecerlas, disipando la incertidumbre que siempre ha acompañado al tema del mal de ojo. Las preguntas más frecuentes con las que me he encontrado durante mi investigación son todas estas...

- ¿Cuáles son los síntomas del mal de ojo?

- ¿Cómo afecta el mal de ojo? Salud, prosperidad, negocios...
- ¿Siempre los más vulnerables son los bebés y las mujeres?
- ¿La envidia puede provocar mal de ojo?
- ¿Cuándo debo preocuparme?
- Si tengo una mala racha, ¿puede ser debido a un mal de ojo o a un maleficio?
- ¿Se puede saber quién es el aojador?
- ¿Un gafe también te provoca el mal de ojo?
- ¿Un vampiro psíquico es un aojador?
- ¿Cómo puedo protegerme?
- ¿Se puede quitar?
- ¿Cómo quitarlo?

El desconocimiento de la fascinación preocupa a las personas que la sufren o creen sufrirla, y es lógico que genere ansiedad lo desconocido. Hay un reducto en nuestro inconsciente que provoca ese estado de alarma y temor ante el aojamiento, ya que lo hemos catalogado dentro de una esfera mágica y brujeril que nos sigue causando, como poco, respeto. Una de las formas más eficaces de subsanar la angustia que provoca el simple hecho de pensar que se está fascinado es tener información; en definitiva, conocer el mapa de ruta por donde transita.

Como he reiterado a lo largo de este libro, la envidia es una de las claves que abre la puerta a la fascinación, y esta recomendación del lama Zopa Rimpoche viene que ni pintada. Lee con atención: «Siempre que te enteres de que otra persona ha tenido éxito, alégrate. Practica siempre alegrarte por los demás, tanto si es tu amigo como tu enemigo. Si no puedes practicar alegrarte por los demás, nunca serás feliz por muchos años que vivas».

Albergar sentimientos de alegría por alguien que bien podría alzar o despertar nuestra envidia es ya de por sí un buen síntoma de nuestro estado vibracional, emocional y de paz interior. Si somos capaces de mantener ese estado de equilibrio en nosotros, nuestro posible resentimiento o nuestra escondida amargura se irá diluyendo, convirtiéndose, con una actitud reiterada, en un estado de liberación del sufrimiento que normalmente acompaña a los estados mentales dolorosos. Cuando esto sucede, podemos esquivar con más contundencia cualquier agresión externa y, por lo tanto, el mal de ojo no cobrará un cariz tan potente. En definitiva, lo que deseamos todos es ser felices, que nos vaya bien en la vida y que nuestra familia no sufra.

Pero si, por el contrario, reconoces que eres una persona envidiosa, que en muchas más ocasiones de las que quisieras albergas sentimientos de rabia, de rencor, de oscuras emociones hacia el que le va bien, el que lleva una vida distinta a la tuya, el que se regodea de sus logros, y no puedes con ello, debes saber cómo funciona esto. Ese sentimiento, lo quieras o no, va a degenerar en una emoción negativa hacia ti, aunque te recomiendo que no seas duro contigo, ya que continuamente en tu interior hay un «crítico» que está siempre ojo avizor ante tus reacciones. Ahora bien, reflexiona sobre cómo ha surgido esa envidia que quizá viene disfrazada de una emoción de tristeza, enfado o resentimiento, y observa qué síntomas provoca en tu salud, tanto física, mental, como emocional, porque, a pesar de los pesares, la envidia y el resentimiento no solo lastiman al otro, sino que a ti también.

Todos, en momentos puntuales de nuestra vida, hemos podido sentir la densidad de la envidia; además, de ella podemos aprender mucho. Reconocer que eres un poco envidiosillo ya es un paso para salir de ese círculo vicioso en el que entramos cuando se acumula en nuestra mente la pelusilla o los celos ante una situación o persona.

Y bien, dicho todo esto, comencemos con las preguntas expuestas al inicio de este capítulo.

1. Hay un poco de desconcierto con los síntomas del mal de ojo, se podrían confundir con patologías de distinta índole. Por eso me gustaría que me aclarases cuáles son las sintomatologías reales o más evidentes para reconocer que verdaderamente se padece de un aojamiento.

Según numerosos estudios, los principales síntomas son similares tanto en adultos como en niños o bebés, aunque sí es cierto que en los adultos podemos encontrar pequeños matices a tener en cuenta.

El síntoma más evidente o más rápido de reconocer, sobre todo en los bebés, es el estado físico, porque enseguida podemos apreciar un decaimiento vital, como si estuvieran incubando una gripe: están amodorrados, como aletargados, sin apetito, con fiebre, quizá hasta con vómitos. Y si tras un chequeo el médico no le encuentra nada, y si perduran los síntomas, posiblemente estemos hablando de un aojamiento.

En los adultos se dan también estos síntomas físicos, pero se le suman otros, como los psíquicos. Normalmente sobrevienen fuertes dolores musculares, aunque no hayamos hecho ejercicio físico ni nada por el estilo, y la temperatura corporal sube y baja intermitentemente, a lo que se le une la sudoración fría corporal.

Hay personas a las que les comienza a picar todo el cuerpo sin un motivo aparente, pero especialmente en el entrecejo y en la coronilla. También emergen molestos dolores en la zona de los ojos. Se podrían presentar problemas en la piel si el mal de ojo es muy elevado y lo padece desde hace mucho tiempo.

Los problemas psíquicos se deben a un decaimiento de la energía y que conlleva sentir una fuerte tendencia hacia la negatividad, a verlo todo negro, a no tener ánimos y a tener la sensación de incomprensión por parte de los demás. Tendríamos que decir que presentan los primeros síntomas de lo que podríamos llamar el inicio de una depresión, porque de repente y sin motivos aparece una ausencia de metas en la vida, una apatía acompañada de mucha pereza, de llanto o de melancolía.

Como he mencionado anteriormente, el mal de ojo afecta a las personas adultas de una forma diferente que a los niños. Por ejemplo, en los adultos puede sumarse a lo anteriormente explicado un estado de nerviosismo injustificado, miedo intenso por incertidumbre con falta de paz interior, vértigos y sensación de inestabilidad, y todo esto aparece como «síntomas sombra», así lo llamo yo, porque normalmente estas manifestaciones son el reflejo de otras patologías que pueden llevar a confusión.

Y aunque quiero quitarle «hierro al asunto», he de ser realista y no pasar por alto estas puntualizaciones que voy a exponer a continuación. Aunque, por favor, no entremos en pánico ni seamos hipocondríacos.

La información es y sirve para que seamos objetivos y analicemos con coherencia y raciocinio las situaciones que podamos estar viviendo. Por ejemplo, hay circunstancias en torno a nuestro día a día a las que llamamos «fortuitas» y que nos complican la vida, como podrían ser caídas, tropezones o golpes, a los que no les damos la mayor importancia, pero que irán agravándose si se padece mal de ojo.

En el hogar, por ejemplo, se estropearán los electrodomésticos a la vez, la lavadora y el lavavajillas; se fundirán las bombillas acabadas de cambiar, y cosas por el estilo.

Aparecerán recurrentemente las pesadillas o las visiones extrañas. También las discusiones en el hogar se harán más presentes, más frecuentes y con un grado de intensidad mayor, y, para más inri, se exhibirá la ansiedad. Con todo esto se combina un «cóctel molotov» que puede haber sido generado por la «mirada nefasta». Así que tengamos en cuenta todos estos factores.

2. Yo quisiera saber cómo puede afectar el mal de ojo a la salud, la prosperidad y a los negocios.

En realidad, todo lo que gira alrededor del mal de ojo es un estancamiento en la energía; por lo tanto, puede definirse como una descarga de negatividad que puede tener efectos nefastos sobre ti. Ahora bien, el mal de ojo también puede afectar a la prosperidad, al bienestar familiar y a los negocios. Recuerda que al principio del libro hablé de que esta mirada nefasta era capaz de enviar rayos invisibles capaces de enfermar hasta al ganado; así que no debemos menospreciar el poder de la fascinación. Y lo mejor que podemos hacer en estos casos es limpiar[40] el local o el negocio para contrarrestar todo tipo de influencia del aojo.

Si me permites un consejo, lo mejor que podemos hacer cuando veamos que nuestra prosperidad está decayendo, o que los negocios no funcionan como debían de hacerlo, y

---

40 Limpiar, refiriéndose a eliminar las energías negativas que se han acumulado en tu hogar, negocio etc., por ejemplo, por mucho estrés, ansiedad o discusiones entre los miembros de la familia, mal de ojo. Se suele hacer la limpieza con hierbas sagradas sanadoras (ruda, romero, salvia) y también con incienso y gemas. Se utilizan los cinco elementos: fuego, tierra, agua, aire, éter, y también invocaciones expresamente para ello.

tenemos en sospecha que alguien nos ha echado este mal, es creer en nuestra fuerza interior, en nuestros sueños, en nuestros deseos y en nuestra capacidad de seguir adelante. No hay nada más poderoso que aumentar tu positividad para anular o contrarrestar cualquier energía negativa a la que estemos expuestos.

3. ¿La gente negativa es capaz de echar el mal de ojo? Quisiera saber la diferencia entre ellas, porque, después de estar con cierta persona de mi entorno que siempre está muy pesimista, que es muy inflexible, tengo los síntomas del aojamiento.

Esta pregunta es interesantísima, puesto que aquí entran en juego unos patrones que marcan la diferencia, y lo vas a ver claro, porque nada tiene que ver una cosa con la otra. La persona negativa tiene un enfoque distinto a la persona que es aojadora, pues la persona negativa hace de este mundo su propio infierno, como bien decía Oscar Wilde.

Voy a explicar un poquito lo que ocurre en estos casos cuando, tras estar en compañía de alguien con un cariz de negatividad —ya sea porque siempre se está quejando, porque siempre está victimizándose, porque tiende a ver el lado oscuro de las cosas y se deja llevar con más influencia por emociones de miedo, de desasosiego o de frustración—, te sientes superagotado, como si te hubieran robado la energía, y entonces crees que te ha echado mal de ojo.

Primero, si eres una persona empática, indudablemente te pones en la piel del otro con frecuencia y, aunque no compartas sus mismas opiniones o argumentos, sí que permites percibir directamente las emociones, los problemas, las historias o vivencias de los demás, y sientes como si fueran tuyos sus problemas. Es el factor por el cual se reconoce la expresión «Abrir el corazón».

La ciencia dice que este fenómeno, el de empatizar, es provocado por las neuronas espejo. Empatizar es una acción de imitación que aparece de forma espontánea; por ejemplo, cuando una persona bosteza y la tenemos cerca, automáticamente nosotros comenzamos a bostezar, o cuando lloramos al ver una película emotiva o en la que hay una tristeza profunda. Pero no solo ocurre con los desconsuelos, también cuando vemos reír a alguien nosotros nos sonreímos y lo acompañamos en las risas. Todas estas acciones son interacciones sociales que nos hacen comprender las conductas ajenas, los estados de euforia o de tristeza; en definitiva, los estados de ánimo de los demás e incluso las neuronas espejo nos permiten interpretar la comunicación no verbal. Es, ni más ni menos, la inteligencia emocional en acción.

Pero hay una contrapartida que puede causarte sufrimiento al absorber gran parte del dolor o de la negatividad de la otra persona si no sabes poner una barrera a este tipo de vivencias ajenas de las que te impregnas hasta el punto de ponerte enfermo. Es un juego inconsciente hasta que sale a la superficie de tu vida en forma de malestar.

Te pongo un ejemplo. Seguro que has estado en compañía de alguien que tiene por costumbre criticar, juzgar, reprochar o contar sus enfermedades, eso también es negatividad. Gente cuya forma de vida es la de la queja constante y el victimismo. Esas personas pueden llegar a agotarte física y psíquicamente. Normalmente, frecuentar con este tipo de personas hará que acabes sintiendo pesadez en el cuerpo y malestar, o notarás que estás irascible.

Hay personalidades que se alimentan de tu atención, la reclaman, exigen todo tu tiempo, porque el ego les demanda ser el centro de atención, y hacen todo lo posible para que así sea, y lo hacen de la forma que sea. «Chupan», y esta es la expresión correcta, chupan todos tus esfuerzos y tus sueños. Atiende bien: tus sueños. Aquí no hablamos de ataques conscientes o de que la persona envía malos pensamientos causando el aojamiento. Aquí estamos hablando de personas que normalmente tienen una carencia afectiva o de baja autoestima y que, a través de su psiquismo y de la proyección inconsciente de su negatividad, atrapan parte de tu energía vital para sentirse mejor, cosa que tampoco consiguen, porque generan más de lo mismo con más potencia, o sea, más dolor, más victimismo, más penar.

No hay nada de malo en empatizar, no hay nada de malo en escuchar el drama de otra persona. Somos humanos y además debemos abrir nuestro corazón y atender cuando la otra persona lo necesita. Ahora bien, puedes ofrecer tu ayuda, tu escucha, tu compañía, pero sé consciente de que no todo está en tus manos.

Tú eres la única persona que tiene las riendas de ti mismo, por lo tanto, de tu bienestar. Eres responsable al cien por cien de lo que permites que te afecte o no, y, cuando empiezas a sentirte agobiado, desgastado, saturado, es porque la situación comienza a perturbarte energéticamente. Ahí es cuando la señal de alarma te avisa, y es entonces cuando debes girar la mirada, el «espejo», y ser compasivo contigo mismo y, si se da el caso, aprender a decir «no», por mucho que quieras a la persona en cuestión o por mucho chantaje emocional que te haga. Entiende que la vida es un camino de aprendizaje y que puedes acompañar, pero no cargar a tus espaldas el dolor ajeno, porque tu salud mental y física, tu tiempo y tus emociones están en jaque.

La entereza y el amor hacia ti mismo son las llaves que te liberarán de las ataduras emocionales intrusivas y de la negatividad.

4. He oído decir que existen personas que son vampiros psíquicos. ¿Estos también producen mal de ojo? ¿Puedes decirme qué son los vampiros psíquicos?

Este término, «vampiro psíquico», se está utilizando mucho últimamente, pero voy a hacer un poco de memoria y describir a qué o a quiénes se les llama o menciona con este vocablo. En realidad, fue popularizado a mediados del 1800 por miembros de la Sociedad Teosófica cuando dirigieron su atención a la investigación de la psique humana. Para la ocultista rusa Helena Blavatsky, los vampiros psíquicos son un fenómeno paranormal que integra a su vez la presencia de criaturas no humanas del plano astral, así como una amplia variedad de otras entidades sutiles, quienes serían capaces de vampirizarnos a nivel energético. Dicho esto, el vampiro psíquico, cuando hablamos de una persona física, es quien te suele agotar o deprimir cuando estás con él o ella. Que se queda como nuevo, a la par que tú vas sintiéndote cada vez más debilitado, porque agotan tu fuente de energía. Allí donde estén, siempre habrá malestar físico o emocional, dado que son como esponjas que absorben la energía de quienes les rodean.

Este ataque del vampiro psíquico es una de las manipulaciones energéticas más feroces y peligrosas en comparación con el mal de ojo, ya que los efectos de un aojado son más débiles y fáciles de subsanar.

En un principio, el vampirismo psíquico consiste en la mayoría de casos en una acción consciente para infligir daño a una persona o a su familia. Estos ataques psíquicos ocurren cuando la negatividad es enviada por un individuo en forma de pensamientos de energía oscura. También puede ser enviado por un espíritu o una entidad del bajo astral. Es importante recordar que todos podemos sucumbir a energías densas cuando permanecemos en estados prolongados de ira, de rabia y resentimiento, de amargura o de venganza, y todas esas emociones negativas reprimidas pueden llegar a convertirse en una entidad.

5. Cuando me he sentido manipulada, también siento que desfallezco y hasta me pongo enferma. ¿Es posible esto?

Cuando estamos con otro ser humano, siempre existe una interrelación, un intercambio de sentimientos, estímulos, informaciones, sensaciones, pero, cuando estamos ante un vampiro emocional, nada de esto puede darse, no hay una química positiva en nuestro cerebro. Estos vampiros no se quedan con tu sangre, pero sí con tu energía vital, con tu ánimo, e incluso usurpan tus sueños.

Estoy plenamente convencida de que tú eres una persona altamente sensible, y que esto no te ofenda, ser altamente sensible es un don. Muchas personas como tú me han dicho esto mismo. Cuando se han sentido manipuladas —chantaje emocional—, han sufrido un bajón energético que les ha hecho pensar que les habían echado mal de ojo. Aquí podríamos hablar de vampirismo energético o de vampiros emocionales. Es una experiencia vital a la que todos estamos expuestos de forma cotidiana, ya sea como vampiros o como víctimas.

Hay varios perfiles bien definidos. En primer lugar, las personas que transmiten y te hacen experimentar sentimiento de culpa. Estas personas operan desde la debilidad y, en ese período de su vida, suelen estar vulnerables e inseguros; si bien, y aquí viene el dato importante, no operan con humildad, sino que adoptan un estilo de autosuficiencia, enmascarando así su crítico estado emocional por el que están pasando. Pese a estar centrados en ellos mismos

—por lo tanto, son egocéntricos—, tratan a los demás desconsideradamente, sacándoles los defectos.

Después están las personas que ante todo quieren conseguir sus objetivos pasando por encima de todo, sin importarles cómo te puedas estar sintiendo tú. Y cuando ya han conseguido su meta, te olvidan, te menosprecian o te culpan a ti del distanciamiento. Siempre encuentran la excusa perfecta para salir ellos favorecidos, victoriosos y con la razón.

Tenemos otro perfil que puede pasar desapercibido y que merma la energía, y es la persona que habla y habla y no te deja opción a entrar en la conversación. Esa persona no escucha, solo quiere que le prestes atención, y además, si se comporta como víctima, ya lo tiene todo a su favor para ser un vampiro emocional.

El vampiro emocional también es aquella persona que es excesivamente controladora. Su escusa, la primera, que se preocupa por ti, y eso te hace sentir de una forma confiada. La segunda es que posee una profunda experiencia de vida, que ya ha pasado por tus mismos problemas; de ahí que quiera controlar la tuya conforme a su criterio, y eso es muy peligroso porque tienen la habilidad de manipular tu destino, tus emociones y, más pronto que tarde, acabará faltándote el aire. Ese tipo de personas suelen jugar muy bien con el chantaje emocional.

A grandes rasgos, estas personas pueden hacer que te sientas desgastado.

6. Si tengo una mala racha, ¿puede deberse a un mal de ojo o a un maleficio?

Voy a ser lo más objetiva posible, no debemos caer en la paradoja de que una mala racha es debida a un mal de ojo, seamos conscientes de que la vida nos da «una de cal y una de arena» a todos, y no por ello significa que alguien nos ha perjudicado con una mala intención o un maleficio. Intentemos profundizar más y ver qué tipo de lección o aprendizaje conlleva el estar pasando por situaciones complicadas. Qué debemos de cambiar o no de nuestra actitud, de nuestra acción-reacción, y qué proceso emocional estamos experimentando, viviendo a flor de piel.

Muchas veces esas «malas rachas» nos hacen ver una realidad que, de no haber sido así, nunca nos hubiésemos fijado. Quizá esa situación nos esté acercando más a nuestra familia, o nos demos cuenta de quiénes están ahí apoyándonos y quiénes no. Quizá esa situación difícil abra nuestro corazón, o nos haga cambiar la perspectiva de la vida, nos haga seres más comprensivos, humildes o espirituales… Quizá una mala racha es el detonante para vivir algo nuevo. Desde luego, dependerá siempre de nuestra actitud y de cómo nos tomemos la vida.

7. ¿Un gafe también te provoca el mal de ojo?

Ya el famoso filósofo y jurista romano Cicerón decía: «El rostro es el espejo del alma, y los ojos, sus delatores». Así que son cosas distintas, a no ser que un «gafe» también tenga esta capacidad, pero generalmente no es así, no llega al rango del mal de ojo.

En el lenguaje coloquial, se dice que un gafe trae la mala fortuna o que su presencia se considera que acarrea mala suerte a los demás, pero el origen de este término proviene del árabe y se utilizaba en aquellas personas que padecían la lepra, también denominada «gafedad», por eso la gente rehuía de estas personas al padecer una enfermedad desgraciadamente contagiosa que provocaba el infortunio.

Pero ya sé a lo que te refieres con la pregunta, porque todos hemos dicho en alguna ocasión a algún amigo, y de broma, cuando las cosas se han torcido: «¡Eres un gafe!».

El miedo al gafe siempre ha existido, sobre todo cuando has invertido mucho esfuerzo o trabajo en alguna cosa y tememos que alguien nos lo trunque. O, por ejemplo, cuando tenemos un proyecto entre manos y lo decimos antes de tiempo, siempre se ha dicho que trae gafe. Si crees en el gafe es porque también crees que existe la mala suerte, y aquí entraríamos en otro concepto bastante espinoso y amplio. Personalmente, pienso que existen personas con más estrella que otras; sin embargo, un gafe no es producto de la casualidad. Normalmente, el tachar a alguien de gafe es porque ante su presencia, y no en una, sino en contables ocasiones, te caes, te tropiezas, te cortas...; en fin, te suceden infortunios. Al igual que también existen personas que, al cruzarte con ellas, la intuición te lleva a pensar que vas a tener fortuna...

No sé si se tratará de nuestra propia mente al condicionarnos en positivo o en negativo, o de verdad existe una fuerza invisible que conlleva este tipo de situaciones con las personas.

8. ¿Cómo puedo protegerme?

Si eres de las personas que creen en el mal de ojo por tu propia experiencia vivida, o piensas que eres objetivo de ello porque la gente te suele tener envidia, puedes protegerte.

La primera y más efectiva protección es tu actitud. Positividad, buena onda, alegría, optimismo, fe en ti mismo, autoconfianza, seguridad... No obstante, en este mismo libro hay un apartado de amuletos que desde tiempos remotos se han utilizado para detener, refrenar y obstaculizar dicho mal. Todos ellos tienen su particular historia, conócelos, siempre habrá alguno que se ciña a tu forma de sentir.

9. ¿Se puede saber quién es el aojador?

Esta es una de las preguntas más frecuentes: ¿puedo saber quién me ha echado mal de ojo? Con toda seguridad deseamos encontrar al culpable y, a «todas, todas», queremos saber quién nos quiere mal, para así poner remedio. Pero casi siempre saberlo genera más odio, rabia e ira, ¿verdad? Quizá suponga para nosotros incrementar la energía negativa, puesto que en realidad la reacción humana de supervivencia es inverosímil, y el instinto más primitivo nos incita a sostener un reflejo de ataque o contraataque, sobre todo cuando conocemos que alguien nos quiere hacer daño, ya sea de forma consciente o inconsciente. La pregunta es la siguiente: ¿de verdad necesitas saber quién es el aojador? ¿Qué harías? ¿Cómo reaccionarías?

En el capítulo segundo hay un apartado, «¿Cómo son los aojadores?»[41], que te recomiendo que releas.

El perfil del aojador ha cambiado con el transcurso de la historia. Lo que parece que no ha cambiado mucho es la esencia que lo genera.

---

41 ¿Cómo son los aojadores? Siempre se ha creído que las clases marginadas eran un colectivo que podía, por sus carencias, a través de la mirada, poseer esa envidia maligna. Se temía a los mendigos...

10. ¿Quién quita el mal de ojo?

Desde que el hombre es hombre, ha habido personas especiales, tenidas en cuenta por su poblado, por su tribu. Hombres y mujeres, magos, curanderos, chamanes, brujos, hechiceros, gente medicina, druidas, personas con un «don» especial, que han querido ayudar a su comunidad, que han traspasado el mundo de lo visible para poder aportar sabiduría, conocimiento, bienestar y salud. Gente de fe, individuos dedicados a la alquimia, a la magia, que han tratado estos asuntos. Todos han utilizado métodos y conceptos universales basados en una divinidad de donde nace lo material y lo espiritual, donde todo está conectado. Por ejemplo, los antiguos sacerdotes magos consideraban al cuerpo humano como un compendio en el que el espíritu o alma que habitaba dentro tenía mucho que ver con la salud e intentaban curar el alma para producir una mejoría al cuerpo. Otro ejemplo es el de la figura del chamán, él es un viajero entre mundos y adquiere conocimientos y ayuda de seres espirituales para así descubrir lo que llevó a una persona a la enfermedad y, de este modo, poder curarla. Durante el máximo apogeo de la cristiandad, se recurría a Dios mediante rezos y plegarias, aunque ahora las personas más devotas lo siguen haciendo también. Hubo un tiempo de oscurantismo en el que las tradiciones paganas estaban totalmente censuradas, y todo aquel que se dedicaba al arte de curar era, como poco, tachado de brujo o hechicero, pero en realidad eran personas que ejercían la botánica y la medicina primitiva para aliviar los males.

Muchos ritos populares reflejan la creencia, vieja como el tiempo, de que la curación psíquica era una de las funciones de la religión y forma parte integral del folklore.[42]

---

42 *El viejo arte de la curación ocultista*, de Eric Maple.

La tradición y el mito, que no por ello dejan de ser menos reales, sino que se retroalimentan de los diferentes casos que ha registrado la historia, nos cuentan que hay personas, sobre todo mujeres, que saben detectar y curar esta dolencia del mal de ojo. Pero ¿estas mujeres con ese talento especial aprenden o nacen con ello? Esta sería una de las preguntas clave.

Según cuentan, en Castilla-La Mancha, las niñas nacidas en Jueves Santo y Viernes Santo tienen el poder de quitar ciertas dolencias, entre ellas, el mal de ojo. Y también es en esas mismas fechas, Jueves Santo y Viernes Santo, cuando se puede traspasar el don para curar tanto el empacho como el mal de ojo —y, con ello, todo el ritual que lo acompaña, compuesto por letanías, agua, aceite, cabello—, y, como manda la tradición, este conocimiento siempre es transferido de abuela a nieta, o de madre a hija, así perennemente transmitido oralmente dentro del mismo linaje familiar.

También está constatado a través de generaciones que todo bebé que en el cielo del paladar tiene la forma de la Cruz de Caravaca es poseedor de esa gracia, que irá desarrollando a lo largo de su vida.

Está claro que siempre ha habido y seguirá habiendo gente que se emplea a fondo en subsanar este mal que parece del pasado y que sigue vigente según muchos casos constatados.

A lo largo de este último siglo, muchos científicos, psicólogos sobre todo, han investigado cómo los ojos irradian cierto magnetismo capaz de transmitir ese supuesto influjo maléfico, y que prácticamente el mal de ojo es un eco de todo ese miedo primitivo a ser mirado de mala manera.

Los sociólogos, sin embargo, piensan que todo esto es fruto de la incultura y de una creencia demencial en la fascinación. Según los sociólogos, estos individuos normalmente suelen estar pasando por momentos de baja autoestima o tienen algún tipo de trastorno emocional y que, desesperados, se alimentan de los dogmas de la metafísica o de una teología superficial a la que agarrarse para autoconvencerse de que su mal viene de alguien de afuera.

Desde que el mundo es mundo, existen individuos entendidos, curanderos errantes y milagreros que, mediante conjuros, invocan y rezan para liberar la gente aquejada de este mal. En tiempos antiguos, ya sean habitantes de un pueblo o de una ciudad, conocían de alguien, de un curandero, de un santero o de un entendido que atendía a los aojados. Hoy en día, la cosa es diferente, y nos podemos encontrar con personas «quizá poco fiables» que dicen ser videntes, médiums o cartománticos, que, entre su cantidad de facultades, también tratan el aojamiento. De nosotros dependerá confiar en ellos o no.

11. ¿Se puede quitar? ¿Cómo quitarlo?

Ya he dicho durante todo el proceso de este libro que el mal de ojo es una consecuencia de la envidia, pero no siempre el envidioso produce este mal, sino que la envidia produce energía negativa, y su dinámica está muy relacionada. Para romper la energía negativa del envidioso, lo primero es ser consciente de que el que más daño se causa es el mismo envidioso a sí mismo, ya que esa onda de forma «deforma», por decirlo de algún modo, su propia paz interior y su armonía cotidiana.

Ignorar al envidioso es una buena defensa, porque, cuando se excluye, la energía negativa se desvanece. Me refiero a no darle importancia o alimentar con nuestros pensamientos la idea de que tal o cual persona nos tiene envidia.

Hay infinidad de técnicas utilizadas a lo largo de la historia para detectar, quitar o atenuar esta dolencia. Por ejemplo, en cada región de España se han podido encontrar diferentes rituales y diferentes oraciones o metodologías para cortar el mal de ojo. En toda Sudamérica también tienen sus tradiciones; en Centroamérica todavía perduran las raíces africanas de la santería, cultura y religiosidad.

El desarrollo y cura de las influencias y síntomas del mal de ojo requiere de la fuerza de la persona que lleve a cabo el ritual, que normalmente viene predispuesta para entonar las oraciones pertinentes con el uso del agua, el aceite, el ungimiento de agua consagrada o el signo de la cruz, según sea el culto de fe. Sabemos que el agua es conductora y que, desde el principio de los tiempos, es fuente de vida, que se vincula al flujo del subconsciente, al alma y al universo, por eso siempre ha sido magnética, atrayente, y las personas más sensitivas se sentaban a observar los manantiales, los ríos, las fuentes o los pozos, para encontrar respuestas.

Una de las fórmulas más utilizadas para romper el mal de ojo es la lecanomancia. Dicho de este modo, puede que no sepas de qué se trata, pero es un arte adivinatorio muy antiguo. La palabra *lecanomancia* proviene del griego (*Λεκάνη* «plato» + *μαντεία* «adivinación») y es una vertiente de la hidromancia, que es la adivinación con agua, desarrollada por los pueblos de la Antigüedad. En Mesopotamia se encontraron tablillas de arcilla del 2600 a. C. en las que se dice que se podían echar unas gotas de aceite en el agua para la adivinación o, en su lugar, unas piedras. Partiendo de ahí, ya intuimos que se requieren dos piezas fundamentales, un cuenco y agua, dos elementos comunes y accesibles. Este arte consiste en la interpretación de los sonidos, de las ondulaciones, de las formas que dejan en la superficie del agua, cuando se arrojan dichas piedras preciosas, pequeños guijarros corrientes, o bien el aceite.

Después de llevar a cabo unas oraciones y entrar en un estado de trance meditativo, el lecanomante podía entonces analizar las formas que iban tomando las gotas del aceite que se vertían en un cuenco con el agua, que bien podía ser de lluvia o de río, e interpretar sus movimientos y formas para dar lectura.

Para comenzar con el procedimiento de quitar el mal de ojo, se utiliza la lecanomancia como fórmula habitual, por lo que, tras unas oraciones, signos de la cruz o ritual utilizado, según la tradición de la zona, se echan en el cuenco del agua las gotas pertinentes de aceite, que bien tiene que ser aceite virgen no utilizado con anterioridad, pudiendo ser de oliva, de girasol, de palma, de coco, de almendras, etc. La persona encargada de oficiar el ritual para quitar el mal de ojo, ya sea una deshacedora, un mago, un sabio, deducirá, por el resultado de la prueba, las personas responsables del aojamiento, puede que incluso prediga el sexo, y, por la velocidad con la que las mismas gotas se expanden en el agua, sospechará cuándo habría sido hecho el mal.

La lectura normalmente tiene este patrón. Las gotas que se abren corresponden a las personas que podían haber hecho el mal de ojo. También puede suceder que las gotas permanezcan quietas, intactas, pero después, al poco tiempo, comiencen a ensancharse. Esto significa que el mal de ojo es viejo, que está desde hace tiempo, también por la rapidez con que las gotas se expanden es como se puede saber si el mal de ojo es reciente o no: si las gotas se amplían velozmente, el mal de ojo es antiguo, y, si es de manera lenta, es reciente.

Otra percepción que se tiene que tener en cuenta es cómo las gotas reaccionan juntándose o tocándose las unas con las otras. Esto sucede cuando existen habladurías que hacen en común contra la persona a la que se le está mirando si tiene aojo.

En según qué zonas geográficas, las gotas que se echan en el aceite pueden variar, siendo tres; en otras, cinco, y en otras, siete gotas, que se dejan caer una vez empapado en el aceite el dedo índice o el dedo corazón de la mano derecha, y, sin dejar de murmurar la fórmula u oración, el lecanomante procede con el ritual. Por ejemplo, si las tres gotas tienden a reunirse, aparte de las habladurías, como he mencionado antes, significa que el mal de ojo ha sido lanzado por más de una persona. Si las tres gotas, al contrario, quedan inmóviles sobre la superficie del agua, no hay presencia de mal de ojo.

Cuando el mal de ojo es muy fuerte, las gotas de agua suelen conformar figuras grotescas; otras veces aparecen con forma serpentina o muy deformadas. Y para saber si ha sido un hombre o una mujer el aojador, es muy sencillo: cuando es un hombre, la gota se diluye, conformando una neblina; cuando se unen formando un anillo o se forman muchas gotitas como perlitas pequeñas, es una mujer.

La ceremonia, con los respectivos rezos, es repetida tres veces, por tres días, lo que viene a llamarse una «novena», renovando el agua cada vez, y antiguamente en las casas donde había un fuego con leña se arrojaba a la lumbre, ya que se decía que el elemento fuego purificaba quitando o quemando el mal de ojo. Hoy en día, puede lanzarse el agua al inodoro y, seguidamente, tirar de la cadena.

En la Comunidad Valenciana, de donde soy yo, existe la creencia de que el mal de ojo entra por diversas partes del cuerpo, y os explico por propia experiencia. De niña, mi abuela materna solía decir que a mí continuamente me echaban mal de ojo, y, la verdad, recuerdo algún que otro episodio. Y es que yo de niña tenía un cabello, modestia aparte, precioso; lucía una melena larga y ondulada de tono castaño con un brillo especial, y es que mi madre me la cuidaba especialmente bien. Mi abuela decía que me echaban mal de ojo por el pelo, porque se había percatado de que, cuando cierta vecina me tocaba el cabello, era cuando yo tenía estos episodios del aojamiento, y ahora puedo decir que no estaba mal encaminada, ya que, al investigar sobre este tema, he podido constatarlo. ¿Os acordáis de la cinta roja que utilizan los judíos? Pues bien, un remedio es colocar lazos o una cinta roja en el cabello de las niñas para evitar la fascinación.

Pero, volviendo a los ensalmos para cortar el aojo, existen variantes en zonas de España, especialmente en lugares rurales, en los que se pronunciaban fórmulas del exorcismo católico que han sido reestructuradas y pronunciadas para la curación de enfermedades físicas o síndromes como el aojamiento que van sacando el mal del cuerpo por zonas y poco a poco. Hay una selección de ellos escritos en latín que fueron publicados en 1620 en la obra *Mallevs Dæmonvm*.

Y como muestra de una de tantas letanías que se pronuncian para la sanación de este mal, os dejo el corte de una oración que se reza sobre todo en el archipiélago canario:

> Si te entro por la cabeza, santa Teresa,
> por la frente san Vicente,
> por la nariz san Luis,
> por la boca santa Mónica,
> por la garganta san Gregorio,
> por el corazón la purísima Concepción,
> por la barriga la Virgen María,
> por los pies san Andrés,
> en el cuerpo entero Jesucristo verdadero, amén.

Y esta es la que se pronuncia en el centro de España, y no está toda la oración completa.[43]

> Si es por los pies, que te cure santa Isabel.
> Si es por el cuerpo, que te cure el santísimo sacramento.
> Si es por los brazos, que te cure santa Águeda.
> Si es por la garganta, que te cure san Blas.
> Si es por los ojos, que te cure santa Lucía bendita...

Y para darle el cierre a este apartado del libro, y recordando la pregunta inicial de si se puede quitar el mal de ojo y cómo quitarlo, he de decir que siempre se ha creído que cada mal viene con una solución; cada veneno, con su antídoto. Así ha sido siempre y así será.

Letanías y rezos existen a miles, ya sean escritos o pasados de generación en generación de forma oral. Y la fórmula no solo se trata de aprenderse las oraciones, sino de la percepción o el don de la interpretación, de la afilada intuición, de la fe y la creencia en el poder de la palabra, o en la presencia de Dios o de lo divino.

Algunas fórmulas tendrán su validez y serán efectivas, y otras no tanto; algunas personas tendrán la capacidad para borrar el aojo, otras no. Yo te dejo la información para que tú disciernas y puedas tener tu propia opinión. Aunque me vienen unas frases a la mente muy conocidas al tiempo que estoy escribiendo esto, y son las siguientes: «Cuando el río suena, agua lleva» o «Yo no creo en las meigas, pero haberlas haylas». Pues lo mismo sucede en este asunto. ¿Se puede quitar? ¿Cómo quitarlo?

---

[43] La oración completa está en mi libro *La mágica fuerza de las palabras, ritos ancestrales.*

5.
TESTIMONIOS

Creí importante aportar una serie de testimonios a este libro, *Guía definitiva del mal de ojo*, porque es una forma de acercar pruebas o evidencias de que todavía existe y se considera que este «mal» sigue latente, estando presente en la sociedad y en diferentes países. Y si bien esas miradas no llegan a matar, sí que han supuesto una evidencia para aquellos que han creído o han vivido en propia piel este infortunio causado por la mirada nefasta.

Durante mi investigación he tenido la suerte de encontrarme con muchas personas que dicen haber sido infectados por el mal de ojo y he recopilado algunos de los casos más significativos. Es cierto que hay que «apartar la paja del trigo», como bien dice el dicho, pero en su mayor parte la gente que te cuenta cómo lo vivió y cómo perturbó esto a la familia suele hablarte de una forma diferente. Es algo que se percibe, se nota cuando un testimonio está basado en elucubraciones o cuando es real (o por lo menos evidente), sin adornos, porque estas personas, cuando hacen el esfuerzo de contarte lo que vivieron, remueven ese momento y lo vuelven a revivir como si se tratara del momento presente.

Por eso tienen mi respeto, porque, si hay algo que enriquece a los seres humanos, es saber escuchar, discernir y, por lo menos, aportar paz a una situación angustiosa.

El testimonio de Rosalía C.

Rosalía Chávez Cuesta vive en Ciudad Cuauhtémoc, Chihuana, México. Me contaba el siguiente caso:

—Sí, sé de un caso, el de mi esposo. En una ocasión se juntaron varias personas en una comunidad de ejidatarios y dice mi esposo que se encontró a la exesposa de un compañero y que, al saludarlo, la señora le dio la mano, pero él sintió que la vibración de ella llevaba «rayos y centellas».

Al día siguiente él no pudo levantarse. De repente se empezó a sentir mal, vomitó y se sentía débil. No se podía levantar, ni caminar, sin «más nada» se le iba el aire, y me gritó y me dijo:

—Ven, haz algo por mí, me siento muy mal.

Y lo empecé a sanar con unos símbolos que aprendí y lo froté con un bálsamo que preparan en las comunidades de la sierra de Chihuahua los indígenas, se llama jíkuri[44] o peyote en alcohol fermentado. Lo froté e inmediatamente regresó a respirar y a sentirse bien [argumento textualmente con sus propias palabras y lenguaje característico].

Aquí se le llama a esto mal de ojo a los niños pequeños, pero a las personas mayores se le dice «energías in-

---

44 Jíkuri es un cactus que contiene mescalina. Para hacer efectiva la terapia, el chamán deberá hacer un pacto con el cactus jíkuri a través de ofrendas propiciatorias. La raspa del jíkuri (o curación con peyote) es la terapia más valiosa para tratar enfermedades que se originan en conflictos relacionados con las relaciones y que afectan la razón, la intencionalidad, la pasión y la percepción. Para muchos nativos de la sierra Tarahumara, la raspa del peyote puede curar problemas que la biomedicina no puede curar.

ducidas». A los niños les da calentura, vómito y la cabeza muy caliente, y empiezan a llorar, es lo mismo que a los adultos, pero muy poca gente reconoce ese mal de ojo.

A los niños se les pone un «ojo de venado» con un listón rojo en su pie o manita izquierda para que no les hagan el daño.

Mi mamá sabía levantar la «moyera» y curar de empacho y mal de ojo y de ahí es donde yo aprendía varias cosas y cómo sanarlas, y ahora a través de los símbolos es como yo ayudé a mi esposo a sentirse mejor y a salir adelante, pero esas energías son muy malas y si las personas no saben distinguir, se pueden morir. A los niños se les forma una telita en los ojos y se les hunden.

La experiencia de Ifrán A.

Ifrán Aguirre Rosita es de la ciudad de Corrientes, Argentina. Me comentaba que estas creencias se hacen más fuertes en los pueblos y que normalmente es quitado por personas que poseen el don. Y que una de las mujeres que a dicha señora le enseñó a quitar el «ojeo» falleció relativamente joven. Y que otra perdió a su bebé. Lo más sorprendente fue que el bebé «se secó» —expresado por ella—, y desde entonces nunca más quiso curar el mal de ojo.

Lo que a mí, particularmente como investigadora, me sorprende de estos casos —porque en el siguiente párrafo expondré qué tipo de suertes corren algunas mujeres que dicen quitar el mal de ojo— es la negativa a abordarlo, como si adentrarse en el infortunio de otra persona para eliminarlo fuera como tener que absorber un veneno que les perjudicara en su propio ámbito personal o familiar. Como si fuera una moneda de cambio ineludible y el precio que tienen que pagar.

Ahora os voy a mostrar el testimonio de una persona que tuvo que dejar de quitar el aojo porque comenzaron a sucederle cosas verdaderamente extrañas.

La vivencia de María de los Ángeles: pequeños accidentes caseros

Este es el caso de María de los Ángeles, de la ciudad de Guayaquil, Ecuador. Ella me contaba que desde que era jovencita su abuela le enseñó el arte de quitar el aojo, pero un día sin más, después de hacer el ritual a una joven que estaba muy afectada, comenzó a tener lo que se dice «accidentes domésticos»: se cortó haciendo la comida, se dio un traspié por la escalera y cayó rodando por ellas, haciéndose un pequeño esguince de tobillo. Las luces de la casa se fundían, y hasta ahí, me decía María de los Ángeles, lo tomó como simples casualidades, hasta que su hijo comenzó a tener los mismos síntomas que la joven que ella «desaojó». Entonces me dice: «Yo tomé la decisión de no quitar más el aojo, pues desde ese momento las cosas comenzaron a ir mal en mi familia».

La experiencia de Rosita A.

El siguiente testimonio es el de Rosita, a la que la señora que curaba los empachos y que era muy religiosa le enseñó que el ojeo existe.

> Resulta que regresé de la escuela con terrible dolor de cabeza, aspirina suave en un principio. Más tarde tomé otra de más gramos, pero no me hicieron nada.
> Esa tarde viajé a Corrientes capital, a 30 km del pue-

blo. Volví y, ya no sabiendo qué hacer, fui a esta señora pensando que mi malestar sería proveniente del estómago —empacho—, me tira la cinta, y muy segura me dice que no es empacho, y preguntándome si creía en el ojeo, respondí NO.

Me pide permiso para hacer una prueba y, ante la confianza que tenía, acepté.

Aparece con un plato y una yema de huevo —no recuerdo si el plato contenía algo—, lo colocó sobre mi cabeza y sentí un suave susurro, tal vez una oración.

Me confirma que estaba muy ojeada y que ella seguiría rezando. En ese momento, aún dudando, le agradezco y salgo. Tenía una «motito 50»… Te digo, Luhema, que llegué a la esquina y sentí cómo un gran alivio me invadía, ya que hasta ese momento me costaba abrir los ojos por el dolor. Comprobé cómo me sanaba. Ese día creí.

Rosita me comentaba que había sufrido varios episodios de este mal, pero aprendió que no siempre es por envidia o mala intención, sino que algunas veces es involuntario. Quizá uno se aoja porque se está más susceptible o bajito de energías.

Siguiente caso de Rosita A.

Un día estaba en casa de una docente amiga, charlando y tomando mate. Hasta ahí todo bien. Baja la hija, recién se levantaba.

—Hola, tía —me dijo de paso hacia el baño. Y pasó.

Empezó mi mal de estómago. Jamás hubiese pensado que esa leve mirada me hubiese afectado tanto.

A la tarde tuve que recurrir a mi «empachóloga», palabra que inventé para sacar un poco de dramatismo al tema, porque no todos creen, y más actualmente.

La misma señora me confirma que estaba ojeada. Me hace una oración y me voy.

Esta vez el dolor de cabeza se mezclaba con dolor de estómago. Para la tarde estaba súper...

A esa señora la conocí después de que falleciera mi primera «empachóloga».

Antes de llegar hasta ella, fui a otras cuando sentía malestar estomacal... y no, nada. Alivio leve, pero de allí no pasaba.

Un día comentando en la escuela me mandan a esta señora con la cual sigo, y sentí su sinceridad. Allí quedé. ¡Gracias a Dios!, ahora la ocupo poco, tal vez sea la tranquilidad con la que tomo mi vida.

El testimonio de la señora María

La señora María, de un pueblo cercano a Sevilla, me contó que su hija, estando embarazada de siete meses de su nieta Carmen, fue al entierro de su suegro.

María le dijo que no asistiera, porque ese ambiente no sería bueno para el bebé, pero esas son las cosas de la vida, era un pariente cercano y además, como se encontraba bien, pues fue. Y aunque intentó que no le afectara el dolor de la muerte de su suegro, de alguna forma y al ver la tristeza de su marido, pues le produjo una leve conmoción.

Me cuenta María que, estando en el funeral, su hija se desvaneció, cosa que no le había pasado ni en los primeros meses del embarazo, pero lo achacaron al fuerte calor del mes de junio en Sevilla. Bueno, hasta aquí nada nuevo.

Llegó el momento del parto y nació Carmen, y a los siete meses de vida, y atiende bien, porque, cuando se produjo la muerte y el funeral, su hija tenía siete meses de embarazo, la niña comenzó a llorar muchísimo, con lo que no sabían qué le pasaba. La llevaron al médico una y otra vez, pero aparentemente a la niña no le ocurría nada. Pero lo curioso del tema es que el bebé solo lloraba a una determinada hora de la tarde, para más inri, a las siete, hora del funeral del suegro de mi hija. La niña lloraba hasta las siete del día siguiente, y ya, cansada y agotada, caía rendida. Así día tras día durante cerca de un mes y medio.

> A mí me parecía muy raro y fui a hablar con mi hija, y le planteé la posibilidad de que quizá a la niña de alguna forma la habían aojado, o algún espíritu se había apoderado de ella en el funeral…, porque eso no era normal.
> Fuimos a visitar a una curandera que me aconsejaron de un pueblo cercano de la serranía, una gitana que decían que trataba todos estos asuntos y, nada más llegar con la niña, se puso las manos a la cabeza, y sin saber nada de nada dijo:
> —¡Pero, hija mía, cómo se te ocurre ir a un entierro, estando preñada! ¿Tú no sabes que tu niña está abierta y entran los espíritus a molestarla?
> Nos quedamos de piedra, lo cierto es que, después de esa consulta y de las cosas que nos dijo que hiciéramos, la niña dejó de llorar.
> No sé si fue mal de ojo, o fue otra cosa, pero la magia o el poder de la gitana curaron a mi nieta de algo que no la dejaba dormir o que le asustaba.

La vivencia de Amparo

El testimonio de Amparo es muy tierno, a la par que conmovedor. Desde el mismo momento que Amparo se casó, su marido le regaló un perrito de raza, una mezcla de *setter* y *coker* de color canela al que le pusieron de nombre Nilo, como el río que atraviesa de sur a norte el país de Egipto, del que Amparo es una enamorada. Nilo no se separaba de Amparo para nada; donde iba ella, Nilo la acompañaba.

A los tres años de casada, Amparo tuvo una niña, y Nilo pasó a ser el compañero de juegos a tiempo completo. Tanto es el cariño que le tenía que, desde que nació Estela, Nilo se convirtió en su guardián. Cuando la niña dormía, él estaba vigilando. Cuando venía alguien de visita, él la protegía, y no le gustaba que nadie extraño la cogiera en brazos.

Un día, tras la visita de Marta, una amiga del trabajo de Amparo, el perrito comenzó a sentirse mal, a vomitar, y lo llevaron al veterinario. El doctor les dijo que todo estaba bien y que pudiera ser que algo que había comido no le había caído bien, o quizá estaba en un proceso gripal; así que no le dieron mayor importancia y lo llevaron de vuelta a casa. Nilo, al cabo de un par de días, ya estaba alegre, como de costumbre.

Al cabo de unas semanas, sucedió algo que a Amparo le llamó la atención, y fue el comportamiento inquieto y nervioso de su perro. Esa misma tarde, y por sorpresa, llamó al timbre Marta —la misma Marta de la que os hablé antes—. Desde el mismo instante que llamó al timbre, Nilo ya se puso como a la defensiva, comportándose de una forma extraña como nunca lo hacía. Sí que es cierto que gruñía un poco cuando alguien que no era de la familia cogía a la niña o se acercaba mucho a su cuna, pero en esta ocasión su comportamiento fue desmesurado, y quien sabe cómo son estos perros conoce que no son nada agresivos, todo lo contrario, son muy amorosos y cariñosos.

Cuando su amiga se acercó a la cuna, Nilo no solo ladraba desesperado, sino que le enseñaba los dientes como una fiera protegiendo a sus crías de un peligro, e hizo el ademán de morderla. Se puso como loco, como si percibiera algo que nosotros no podíamos ver.

Y me dice Amparo: «No tenía fuerza suficiente para apartar a Nilo y llevarlo a otra habitación». Según el testimonio de Amparo, su amiga Marta se puso muy nerviosa ante la reacción de Nilo y apenas estuvo un momento y se marchó.

Pues bien, nada más marcharse esta amiga, Nilo volvió a ponerse muy malito, agotado, triste y de nuevo con vómitos.

Sin duda alguna, Amparo me afirma que Nilo protegió a su hija de la mirada de envidia de la que dejó de ser su amiga, y que su perrito recogió ese mal de ojo.

Lo cierto es que los animales gozan de ese sexto sentido del que nosotros carecemos o no tenemos tan desarrollado y que posiblemente, por no decir seguramente, salvó de la mirada nefasta a la niña. Hay animales de compañía que se convierten en verdaderos protectores, anteponiendo su salud por el amor que nos profesan.

Y si Amparo asegura esta posibilidad de que Marta, quizá inconscientemente, le echara mal de ojo, es porque no solo pasó en dos contadas ocasiones, sino que sucedía cada vez que esta mujer, lamentablemente, venía a visitarla.

El testimonio de Begoña D.

El siguiente caso que voy a exponer es el de mi querida amiga Begoña Doménech, gran profesional y redactora; mi mano derecha en el programa de radio que dirijo, *El mundo de las trece lunas*. Ella comparte con todos nosotros su propia experiencia.

> Nunca fui muy creyente en lo referente al mal de ojo, para mí no era una situación a la que yo le diera demasiada importancia, pero un día una amiga más mayor que yo me dijo que, si yo quería, ella me enseñaba a quitar el mal de

ojo. Como el saber no ocupa lugar, le dije que sí, pero que me explicara cómo era eso del mal de ojo.

Y ella me contestó:

—El simple hecho de una envidia, una mirada, una palabra malsonante hacia tu persona o hacia quien sea, es suficiente para desestabilizar la energía de ti o de quien lo reciba. Incluso una mirada de agrado u obsesión hacia ti o hacia otra persona puede ser ya motivo del mal de ojo.

Me enseñó la oración, y me explicó el procedimiento del cuenco con la boca ancha lleno de agua y el aceite en el cual tenía que mojar el dedo corazón al mismo tiempo que recitaba la oración, y que debían caer las gotas de aceite sobre el agua. Dependía de cómo reaccionaran las gotas vertidas en el agua y la forma que adoptaran que habría mal de ojo o no. La fórmula consistía en repetir este procedimiento tres veces por tres días, una novena, y si se hacía en viernes valía por dos.

Aparqué el tema y dije:

—Ya lo usaré si en algún momento lo necesitase.

Un día me encontré con una amiga y me dice:

—¿Sabes quitar el mal de ojo?

Le dije que sí, y entonces me explicó que toda su familia estaba enferma sin saber lo que les pasaba, inclusive sus primos que vivían fuera; todo un clan con el mismo apellido estaba afectado de «algo» a lo que los médicos no sabían dar explicación. Yo le dije:

—Lo puedo intentar.

Y pensé: «Tampoco pierdo nada». Así que me puse con ello. Le pedí todos los datos y me entregué por tres días, por las tres oraciones con todo el ritual correspondiente. Mi sorpresa fue que, a partir del segundo día de haber efectuado el ritual de aojo, ella me llamó para comunicarme que estaban todos mejor y que ese malestar y esa inquina que sentían estaban desapareciendo.

He tenido más experiencias con el mal de ojo y, efectivamente, el ritual sí que es efectivo.

* * *

Lo más sorprendente de todos los casos que expongo en este libro, *Guía definitiva del mal de ojo*, es que hay varios componentes comunes. Por una parte, existe una mirada cargada de una emoción potente; después, una serie de acontecimientos que perturban la vida del afectado de tal forma que necesita buscar ayuda sanitaria, y, una vez comprobado que lo que le sucede no es un problema que puede solucionar un médico, comienza a intuir que se trata de algo más, algo que escapa a la razón. Entonces va en busca de otro tipo de ayuda que está presente desde el principio de los tiempos y que ha sobrevivido hasta nuestros días, aunque relegada a un segundo o tercer plano, pero que dicha ayuda es efectiva y que la llevan a cabo sobre todo mujeres entendidas, mujeres medicina, curanderas, sabias, chamanas, diestras en conocimientos y leyes naturales que utilizan ensalmos y oraciones para ahuyentar el mal.

6.
EL MAL DE OJO DESDE LA SABIDURÍA DEL CORAZÓN

«No compares tu vida con la de los demás, ni envidies la vida del otro, porque no tienes ni idea de lo que está hecho su viaje». No recuerdo bien de quién es esta frase, pero creo que puede servir de espejo para la reflexión y, a partir de ahí, comenzar con el análisis.

A estas alturas del libro ya debemos ser conscientes de que hay varios componentes emocionales tóxicos, como son la envidia, la ira, la obsesión, la admiración excesiva o el egoísmo, armas arrojadizas que podemos proyectar hacia cualquier persona, generándole malestar o el consabido mal de ojo, y que efectivamente denotan un abismo interno de autoestima y paz interior.

Desde este capítulo quiero exponer lo importante que es entender cómo funcionamos psíquicamente ante los embates de la vida, y lo esencial que es liberarse de los resentimientos que otras personas hayan podido generar en nosotros, quizá porque nos han lastimado con ofensas, nos han perdido el respeto, nos han insultado o maltratado. Y tan importante es liberarse de esas animadversiones porque pueden enquistarse hasta tal punto que nos perjudiquen de manera muy seria.

Solo a través del conocimiento es como podemos dar el primer paso para revertir cualquier mal, y únicamente a través de la sabiduría del corazón es como se diluye todo aquello que pueda afectarnos, ya sea a nuestro cuerpo físico, mental o emocional.

La resiliencia comienza por desbloquear esa mirada paralizante y de temor, de ira o de envidia. Saber cómo agreden estas emociones y sobreponerse saliendo reforzados es primordial para encontrarte a ti mismo y comenzar a resolver situaciones de esta envergadura. Por eso, después de haber leído toda la información que he aportado en estas páginas del libro, creí muy importante proporcionar este apartado que hace hincapié en el estudio y en el conocimiento que se adquiere cuando dejamos que actúe la sabiduría del corazón. Y empiezo con este tema.

¿Quién no ha tenido que soportar una ofensa? Yo creo que la gran mayoría de personas de una forma directa o indirecta hemos sido víctimas y verdugos. Yo te invito a que hagas memoria. Pero también te recuerdo que este tipo de comportamientos de soberbia son el caldo de cultivo para provocar el llamado «aojamiento».

Cuando tenemos que soportar una ofensa

Muchas veces, sobre todo las personas con alto grado de sensibilidad se han sentido mal, bajas de energía e incluso enfermas tras tener que soportar una ofensa. La mayoría de ellas no han sabido reaccionar quedándose dolidas, sorprendidas y hasta paralizadas por el fuerte impacto emocional que les ha generado el tener que soportar algo inesperado y de tan gran calado.

Cuántas veces pensamos que la vida no es justa, ¿verdad?... Permíteme decirte que, aunque parezca mentira, la vida es más justa de lo que parece y que desde luego, tarde o temprano, vemos que este refrán se hace evidente: «Uno cosecha lo que siembra». Y no lo digo desde la parte ofensiva o vengativa, sino desde el conocimiento de las leyes universales que rigen todos los patrones mentales.

Para despersonalizar una ofensa que nos hacen, debemos reflexionar mucho antes de caer en la tensión, en una misma réplica o en el rencor. Es difícil, lo sé, pero ahí tenemos una prueba para medir nuestro estado o nivel de consciencia. Piensa que cada persona acarrea una carga de sufrimiento, contradicción, debilidad, y capea sus tormentas internas como puede. Quizá te tocó aguantar una de sus descargas emocionales, pero tienes que saber que, tarde o temprano, a esa persona le tocará aprender de sus propias consecuencias o de sus ofensas. Por eso, no nos convirtamos en jueces de nadie y, aunque tengas que alejarte de esa persona o no apruebes su conducta, permítete el sentir compasión, ya que él o ella todavía no dispone del regalo que supone el tener una consciencia despierta.

Quédate en tu silencio y siente que la vida no es solamente justa o injusta, es consecuente, y lo es para que aprendas a discernir, para que aprendas a sacar de ti el arte de amar por encima de todo lo demás, y para que sepas ver lo que hay tras cada acto disonante.

Puntos en los que apoyarse

- No hay nada justo o injusto en esta vida, solo son circunstancias que debemos sobrellevar lo mejor que podamos.

- Respira y piensa en las consecuencias antes de responder a una ofensa.
- No caigas en el error de devolver ira por ira, o rencor por rencor, porque eso te aportará más sufrimiento.
- Siente compasión, porque seguramente la otra persona esté pasando por una gran tormenta interna.
- Siente empatía, abre tu corazón.
- Cuando encuentres el momento, habla con esa persona de cómo te hizo sentir.
- Y sobre todo, refuerza tu autoestima.

Encajar una crítica o un juicio

Siempre decimos que no nos importa lo que nos puedan decir los demás, pero en realidad las actitudes de crítica hacia nosotros, lo que nos hacen, o los juicios que recibimos, sobre todo de la gente que nos importa, sí que nos afectan, y muchas veces nos duelen, nos llevan a sentirnos tensos y hasta nos hacen sentir fuera de control, y, si nos quema el resentimiento, directamente caemos en el orgullo y la vanidad, por más que intentemos autoconvencernos de que nos resbala. Y es que, como sociedad, no podemos vivir sin el juicio y la opinión; ahora bien, encajar una mala crítica o un juicio es otra cosa muy distinta.

No es que debamos rechazar el juicio de los demás ni insensibilizarnos, porque, si se trata de críticas constructivas, siempre podemos reflexionar ante ellas y extraer de la adversidad un impulso que nos motive a mejorar.

Como actúen los demás ante las críticas es su problema; ahora bien, el tuyo, tu problema, residirá en cómo encajes tú las opiniones y cómo respondas ante ellas, y, por supuesto, qué tipo de emociones generas en ti. Ese sí que es verdaderamente tu problema.

En los momentos en que nos sentimos ofendidos o heridos es cuando tiene que aflorar nuestra calidad de amor, la que hemos integrado a nuestra vida.

Ese será el momento justo para manifestar nuestro grado evolutivo y nuestro nivel de consciencia.

Si te enzarzas en emociones negativas, seguro que forjas un enrejado que limitará tus posibilidades y tu poder personal a la hora de afrontar nuevos retos. El mapa de tu ego se ve claramente cuando, ante una crítica o un juicio, salen a relucir la ira, la envidia o la soberbia, y todas ellas son portadoras del mal llamado «mal de ojo».

Así que podemos reaccionar desde diferentes enfoques:

Puntos en los que apoyarse

- Cada instante que pases angustiado, furioso o dolido a causa del comportamiento de otra persona, estás renunciando al control de tu vida.
- Apóyate desde la serenidad, quitándole hierro al asunto.
- Desde la aceptación, sin que por ello se esté de acuerdo con la exposición.
- Desde la comprensión, haciendo un esfuerzo al deducir que quizá esa persona que emite la crítica no tiene suficientes datos, no conoce toda la realidad o quizá esté atravesando un mal momento, de ahí su comentario hiriente.
- Desde la paz interior. Desde esta postura contribuyes a que todo se calme.
- Desde la prudencia, podremos mantenernos serenos para poder hablar sin la necesidad de utilizar la misma moneda de cambio.
- Desde la reflexión, tomando distancia.

- Desde el humor, porque es un excelente neutralizador.
- Desde la trascendencia, saliendo de la situación y observándola desde fuera.

Hay personas que tienen fijación en buscar los defectos en los demás, los juzgan, los critican, los ponen en evidencia, pero nunca, y digo bien, nunca, admitirán o verán los suyos propios si no han abandonado el orgullo que produce el ego.

¿Por qué estoy siempre preocupado?

La preocupación siempre está al acecho, y más en estos tiempos que corren. Hay un dicho que dicta así: «Ocuparse en vez de pre-ocuparse».

Parece ser que la preocupación es inevitable cuando tenemos responsabilidades, cuando nuestros hijos adolescentes salen a divertirse y vemos irresponsabilidades y descontrol, violaciones y «lobos» que campan a sus anchas. Nos preocupamos cuando estamos enfermos, cuando nuestros padres se hacen mayores, y ni que decir tiene cuando te preocupa el planeta y todo lo que le estamos haciendo. Yo siempre he sido, y me pongo como mal ejemplo, una de esas personas contaminadas por la preocupación excesiva, quizá por mi perfeccionismo, quizá porque quería tenerlo todo bajo control, quizá por mis miedos e inseguridades.

Quizá, y perdonad que me repita, la preocupación siempre ha sido un signo de que te importan las cosas, te importan los problemas de la gente, te importa la salud o el cómo estarán…; en realidad, te conviertes en un «sufridor de la vida». La preocupación es incluso un comportamiento que está bien visto dentro de la sociedad, pero, y aquí viene el problema, muchas veces el preocuparte tanto por los demás resulta ser invasivo y muy nocivo. Energéticamente, es una barrera que impide que se encuentren soluciones cuando hay un problema, corta los caminos y las posibilidades, porque la preocupación en exceso está generada por los miedos, inseguridades y densa vibración que impiden el buen fluir de las cosas. No sé si te acordarás, espero que sí, ya que al principio del libro leíste que incluso la preocupación excesiva, la obsesión, puede inducir a un mal de ojo, así que te aconsejo que examines esa parte de ti cuando creas que brota tu desazón en demasía por alguien.

Y ahora pensarás: ¿encima de que me preocupo por los demás?...

Estar preocupados bloquea, y ofrecer tu apoyo, tender tu mano, crea puentes. Y te explico. La persona que siempre tiene la preocupación en su mente suele estar intranquila, encorsetada, como a la expectativa de lo que va a suceder, y normalmente la mente tiende a adelantarse a los acontecimientos y fantasea con las posibilidades negativas, porque en nuestra psique los recuerdos y las vivencias negativas tienen más impacto y quedan en nuestro subconsciente aflorando siempre cuando hay incertidumbre.

Preocuparse es conseguir tener un desasosiego que puede volverse crónico y es contagioso, y además se adquiere un estado de cabreo que no lleva a la ansiedad, pero la alienta.

Las personas que superan la adhesión a la preocupación saben que no deben fantasear sobre posibles males que no son ni serán seguramente una realidad.

Un ejemplo claro es cuando algo nos atormenta, como puede ser un resultado de una prueba médica, la preocupación por un trabajo, los estudios o el porvenir de nuestros hijos, la relación con nuestra pareja, cuando salimos de la preocupación, sea la que sea, y nos ocupamos, vemos no una salida, sino que esta es más fácil y llevadera de lo que creíamos en un principio.

Con el tiempo aprendí que la preocupación es inherente al hombre, consecuencia de un arquetipo ligado a la inseguridad, a la indecisión, a la incertidumbre, a la contradicción con nosotros mismos, al perfeccionismo y sobre todo al miedo; así que, la próxima vez que sintamos que la preocupación invade nuestra vida, pensemos que de nada nos servirá dicha actitud.

El pensamiento obsesivo continuado supondrá un desgaste desmedido de nuestra energía que abrirá grietas en nuestra aura, y estaremos más expuestos a cualquier dolencia, incluido el mal de ojo.

Y qué hacer.

Puntos en los que apoyarse

- Primero: serenarte. Date una orden a ti mismo de calma y de control, porque todo tiene solución, excepto la muerte.
- Segundo: centrarte en el presente, no te anticipes.
- Tercero: confía en el destino..., porque todo, absolutamente todo, trae consigo las soluciones a los problemas. Porque todo sucede por algo que obedece a un plan perfectamente diseñado para nuestra evolución y aprendizaje.
- Cuarto: visualiza siempre creando escenas positivas persistentemente.
- Quinto, pero no menos importante: actúa, ocúpate.

Ser el verdugo

Habitualmente desde la infancia somos educados en unos valores que incluyen el respeto al otro, la tolerancia, el amor y la ayuda al prójimo que desde luego son necesarios para vivir en una sociedad civilizada y no enzarzarse en el odio o en pensamientos y sentimientos insanos, aun así, siempre hay personas que consciente o inconscientemente desarrollan una habilidad que es la de herir a otros, por ejemplo, a un amigo, a un familiar o a una persona conocida. Pero, claro, aquí depende el grado de sensibilidad que se tenga y el momento por el que se esté pasando para que, por ejemplo, un comentario dicho de una forma determinada te lastime más o menos.

Hasta ahora os he hablado de cómo se siente uno cuando es ofendido, cuando alguien le causa dolor o es presa de la envidia, pero también sería interesante ponerse en el punto de mira del que hiere, ponerse en la piel del que es capaz de lastimar a través de sus acciones o palabras y analizar cómo está su cuerpo emocional, qué siente, así como preguntarse cuáles son los motivos por los que actúa desde ese estado de cólera o insatisfacción permanente y que despiadadamente arroja hacia los demás. Porque el que hiere tiene ira, conflicto interno y falta de control. Posiblemente, y a mi modo de entender, es una vía de escape que le causa satisfacción momentánea, pero que tiene efectos secundarios graves, ya que acrecienta su peso emocional de infelicidad.

Una forma de analizar nuestro comportamiento hacia los demás y ver si también de alguna forma u otra herimos sensibilidades es la siguiente. Siempre se pueden corregir muchos de nuestros errores, de nuestras malsonantes palabras, dichas en ocasiones sin pensar gracias a las actitudes que vemos en los demás. Y ¿por qué? Porque, si somos observadores, podemos ver como en un espejo su sentir. El semblante, los ojos, los ademanes; concretamente, el lenguaje corporal de la otra persona nos dirá cómo ha recibido nuestras palabras o gestos, porque en realidad nadie es de hielo, y, si no se expresa una emoción verbalmente, el cuerpo lo hace por nosotros: nos cambia el semblante, nos retraemos, nos encogemos... En definitiva, el dolor emocional siempre se escapa a través de los poros de la piel.

Por ejemplo, cuando yo amo, estoy amando en el otro aquello que amo de mí. También, cuando rechazo, estoy rechazando esa parte de mí que no acepto, porque todo lo que percibimos de los demás son rasgos que también están o estuvieron en nosotros; si no fuera así, no podríamos reconocerlos.

Desde luego nadie es perfecto, y todos podemos aspirar a ser mejores personas, aunque a veces pienso que la cosa no tiene solución por la mucha inconsciencia que veo y por las palabras que escucho, por la ira interior, la rabia contenida y la infelicidad que respiran algunas personas y que traspasan los límites del respeto.

Puedes estar de acuerdo conmigo o no, pero esa mala palabra, ese impulso por sacar siempre los defectos del otro, ese sentirse superior, ese egoísmo y esa poca empatía nublan las mentes y corazones. En el fondo, muchas veces me he preguntado si somos conscientes de que cualquier palabra dicha con saña o con insensibilidad puede desencadenar un gran sufrimiento en el otro. A veces me da por pensar que en realidad nadie quiere corregir nada, les da igual, porque el ego hace creer que se está obrando correctamente o que se tiene toda la razón.

Si supiéramos que cada palabra de malicia, cada pensamiento negativo y hablar mal del otro de alguna manera contaminan el aire, el agua, la tierra y todo lo que nos rodea; si pudiéramos ver todo ese cúmulo de efluvios que desprendemos a través de los pensamientos, por la palabra, por los gestos, sería como vernos rodeados de basura corrompida pegada a todo nuestro ser, y entonces la cosa cambiaría.

Bueno, he llegado a la conclusión de que lo mejor es no vibrar en ese estado de inconsciencia, porque entrar en la obsesión de la ira o de la rabia te lastimará mucho más a ti que al otro. En realidad, ser despectivo siempre denota una gran insensibilidad y desconocimiento de la «unicidad»[45], ser petulante revela la separación y la pobreza interior. Pensamos que somos seres individuales, y esa es la percepción que nos dan nuestros sentidos físicos, pero en realidad estamos todos unidos y procedemos de la misma fuente. En el libro de Isaac Jaulli y Enrique Reig *Más allá de la muerte física*, encontré esto que lo define a la perfección:

> Te he hecho daño a ti porque pensé que estabas separado de mí y que nada de lo que te afectara a ti me podría afectar a mí, pero he comprendido que al afectarte a ti me afectaba a mí, solo que en otro lugar y tiempo.

La humildad nace de lo profundo de una persona como el resultado de la reflexión, así que sálvate a ti mismo, porque la ira, el ego, la envidia o el rencor son las mayores fuerzas destructivas de la humanidad.

---

45 Puede resumirse en una corta frase: «Todos somos uno». En el momento previo al Big Bang, la totalidad de la materia y energía del universo estaba concentrada en un único punto. Tras la explosión, todo fue disgregado. Todos formamos parte de una misma unidad.

La Ley de la Divina Unicidad afirma que todo lo que ves y tocas en el reino físico y todo lo que sientes y experimentas en el reino espiritual está conectado y forma parte de un todo divino. Esta divinidad responde en función de tus creencias religiosas.

Puntos en los que apoyarse

- Piensa antes de comportarte de forma perversa.
- Ser verdugo no te aportará ningún beneficio; al contrario, demostrarás tu debilidad.
- No des poder a ese tipo de sentimientos de venganza.
- Piensa que cualquier palabra o pensamiento disonante generará en ti más caos y desarmonía.
- Recuerda que el egoísmo y la ira desencadenan sufrimiento en ti.
- Ejercita tu mente para que tenga pensamientos de compasión, de amor y de paz.
- Perdona y sobre todo perdónate.

Hay un proverbio que dice lo siguiente: «Si eres paciente en un momento de ira, escaparás a cien días de tristeza».

Hay gente que busca tus puntos débiles para perjudicarte

Esta es otra de las formas en las que una persona puede no solo cuestionarte con el fin de manipularte, sino también puede, bajo una piel de cordero, llevarte a los abismos.

Siempre hay alguien dispuesto a encontrar tus puntos débiles, tus fracturas del alma, tus grietas emocionales. Y ¿por qué? ¿Para qué?

Hay personas que, cuando te sientes mal, pretenden ayudarte de la manera que sea, y muchas veces esas mismas personas intentan aliviarte el dolor, y de forma inconsciente, tal vez porque te conocen, conocen tus reacciones, tu forma de ser, ponen el dedo en la llaga, quizá para que pienses, recapacites, reflexiones y reacciones sobre aquello que te dicen y que todavía te escuece.

Pero hay también otras personas de tu entorno a las que yo llamo «lobos disfrazados con piel de cordero» y que pueden pertenecer a tu círculo cercano: familia, amigos, conocidos, seudosanadores, que invaden tu intimidad y hurgan y hurgan hasta dar con la tecla que hace que, si tu autoestima está baja, te tambalees más, quizá para hacerte más dependiente de ellos, quizá para tenerte a sus pies. A ellos les encanta tener el poder, sentirse superiores, llevar la razón. Cuando eso ocurra, ponle freno de inmediato. Está bien que te digan, que te aconsejen, pero todo esto con el máximo respeto y sin que se entre en juicios que normalmente están tramados bajo sus propios filtros y moralidades.

Normalmente, esas personas que intentan buscar la grieta emocional suelen herirte y pretenden manipularte, pues con su exposición denotan que ya han estado opinando sobre ti y tu forma de vida, desde la crítica y el juicio. Y si tú flaqueas en tus convicciones, o hay algo de lo que no te sientas orgulloso, no les temblará la voz para decirte que «es por tu bien», y utilizarán un lenguaje cruel, sádico o despiadado, con tal de llegar a donde quieren ellos.

Puntos en los que apoyarse

La forma de detectarlos es muy sencilla, pues todos siguen el mismo patrón:

- Suelen ser dominantes y te llevan a su terreno siempre.
- Acaban convenciéndote.
- Son jueces del mundo.
- Lo saben todo, o creen que lo saben todo, acerca de la vida, y así lo expresan sin dejar opción a réplica.

- Y son vanidosos, ya que pretenden demostrar que conocen mucho de la vida y que tú todavía tienes mucho que aprender.

Cómo poner freno. Sintiendo esto:

- Primero, hazte consciente de la manipulación.
- Tienes derecho a vivir la vida que quieras.
- Ten presente que, equivocándote, aprendes.
- Tienes derecho a establecer tus prioridades. Sé firme.
- Tienes derecho a ser tratado con respeto y poner límites.
- Sé tú, siempre.
- Pon distancia y quiérete más aún.
- Recuerda: nadie puede herirte sin tu consentimiento.
- Recuerda que eres una persona valiosa por ti misma, no lo olvides nunca.

Brotes de infelicidad

Acabas de leer una cantidad de artículos en los que el actor principal es inevitablemente un malestar interior, insatisfacción y frustración, sentimientos capaces de sacar lo peor del ser humano y proyectarlo, como son la crítica ofensiva, el juicio y las palabras agresivas. Y ante todo ese tipo de situaciones que te bajan el ánimo, que te generan tristeza, uno puede pensar que podía haber sido víctima del mal de ojo por toda la carga de malicia o frustración recibida, pero, atiende, te voy a contar algo que me sucedió.

El destino quiso probar mi ego-emoción una vez más, y me di cuenta de que se trataba de eso, de sostener el equilibrio con las emociones y ver qué generaba en mí.

Dicen que todas las personas que te encuentras en la vida tienen algo que enseñarte, tanto de ti como de ellas. Y yo cada día me sorprendo más a mí misma. Os cuento.

Un día de verano, estando yo de lo más relajada disfrutando en la piscina del agua y del sol, se me acercó una «persona conocida», y fue directamente a profundizar no en un tema, sino en dos, que en un pasado me hubieran hecho saltar, alterándome. Una vez más, superé «la prueba», y lo curioso es que vi más allá de esos malintencionados comentarios que venían directos a la yugular. Así que di las gracias, porque no me quedaron residuos de tristeza, rabia, indignación, etc., solo sentí compasión, y por eso quiero compartirlo con vosotros, no por orgullo, sino porque creo que esta reflexión puede ayudaros.

Es muy sencillo, la vida siempre intenta recuperar el equilibrio: belleza/inarmonía, felicidad/infelicidad, día/noche, etc. No obstante, hay personas que te muestran la cara más oscura, que es la infelicidad. Cuando me di cuenta de que las palabras estaban cargadas de ira, de envidia, de insatisfacción, simplemente le dije a esa persona que no me interesaba lo que estaba diciendo y le sonreí. Y lógico, todavía creció más su impotencia y su furia.

Por suerte o por desgracia, este tipo de actitudes «no me vienen de nuevas», como se suele decir. Sé que la sombra actúa de esa forma, y las personas que optan por sostener en su vida ese tipo de patrón de poca empatía, de inflexibilidad, de justificación, de arrogancia, etc., es porque son infelices. Sí, lo son, y, aunque lo disimulen con actitudes superficiales, existe un poso de frustración en el fondo de su alma, porque el que es feliz, el que está en paz consigo mismo, no pierde su precioso tiempo enmarañándose en ese tipo de nubes mentales, y ni siquiera osa.

Es así. Y lamentándolo mucho, esas personas están encerrando su propia luz, y a mí me encanta el sol. En realidad, no es mal de ojo lo que te lanzan, sino brotes de infelicidad.

Puntos en los que apoyarse

- Sé consecuente con tu vida.
- La infelicidad es fácilmente reconocible en los demás cuando previamente la has reconocido en ti.
- No te dejes embaucar por la ira o el resentimiento.
- Solo tú conoces tu camino y cómo transitas por él.
- Da las gracias por haber reconocido y superado ese momento de prueba.
- No te identifiques con las emociones negativas.
- Proyecta positividad, y esta te será devuelta.
- Respeta la libertad y las acciones del otro.
- No entres en la rueda de la crítica destructiva.
- No alimentes viejas energías y chismes.

Hay un viejo dicho que dice que, si cuentas hasta diez antes de responder una ofensa, mucho habrás adelantado en el sendero.

Si pasado el tiempo haces silencio ante las ofensas, tu camino será más despejado.

Cuando ya nada ni nadie pueda ofenderte, te habrás convertido en la respuesta.

¿De qué estamos heridos?

En una ocasión un hombre fue alcanzado por una flecha. No quería aceptar la ayuda de nadie. Le interesaba mucho más descubrir quién le había disparado la flecha y cómo podía vengarse. Se fue hundiendo cada vez más en pensamientos de odio, de rencor y de ira hasta que murió por consecuencia de la flecha.

Lamentablemente, muchas de las personas compartimos un destino parecido, estamos tan heridos, tenemos tantas flechas clavadas que poco a poco nos envenenamos de rencor. Rencor que lentamente nos mata por dentro, nos apaga nuestra luz interior hasta convertirnos en personas irascibles.

Cuando te hablé del *Ain Hara*, te expuse que es importante autoanalizar nuestro comportamiento, ver de qué estamos heridos, ya que nosotros podemos ser portadores de una mala mirada porque construimos castillos de pensamientos negativos, porque sufrimos un gran dolor que no hemos podido o sabido sanar.

Para que la luz pueda fluir a través de ti, el primer recipiente que debes purificar es el tuyo, porque llevas seguramente mucho tiempo pensando de forma inadecuada. Descubre cuáles son tus heridas, reconócelas y libérate de ellas perdonando y perdonándote, y refuerza los valores que tienes en ti, como la flexibilidad, la tolerancia y la aceptación.

Puntos en los que apoyarse

- Reconoce tus propias heridas.
- Saber ver y reconocer tu oscuridad te dará la opción de vislumbrar todas las posibilidades del aprendizaje.
- Siente la experiencia de vida que te dejó la herida, pero no te victimices. Rumi decía que la herida es por donde entra la luz.
- Deja de buscar culpables. A veces hay que seguir como si nada…, como si nadie…, como si nunca.

- Refuerza tus valores, porque serán tu sustento en los momentos de recuperación.

La envidia, fuente de sufrimiento

La envidia es inevitablemente una fuente de sufrimiento, insatisfacción y resentimiento. Es querer y es necesitar, y, por lo que a mí se refiere, ese es un tipo de deseo egocéntrico.

Pensamos la mayoría de veces que nuestra felicidad y nuestra paz interior, nuestro bienestar, dependen de lo externo, de lo material, de conseguir metas, objetos, favores, etc., y de equipararnos con el otro. Y en realidad todo eso que da vueltas en nuestra cabeza y que pensamos que sin ello no somos o seremos felices es una sensación subjetiva de carencia, sobre todo emocional.

Satisfacer ese tipo de deseo hambriento no dejará de convertirnos nuevamente en envidiosos compulsivos, en envidiosos celosos, en envidiosos incluso maliciosos, porque los deseos no dejan de cambiar constantemente y nos convierten en envidiosos caprichosos.

Nos parece, y además en muchas ocasiones estamos convencidos de ello, que, para ser felices, para calmar esa ansiedad que nos corroe, tenemos que satisfacer todos nuestros deseos, porque el otro tiene..., porque el otro ha conseguido... Y aunque sean cosas ínfimas, nosotros también lo deseamos como críos caprichosos. Pero lo que no sabemos es que estamos atrapados en un constante deseo de sentirnos de cierta manera, y que esa felicidad tan añorada resulta que es breve, se evapora con el paso del tiempo; en realidad, es «in-permanente».

El deseo forma parte de la persona envidiosa, y la insatisfacción es su compañera habitual, aunque con frecuencia la insatisfacción se suele dejar ver muy poco en estas personas, por lo que es muy difícil de reconocerla, y más aún de ser consciente de que la padecemos. Lamentablemente, la insatisfacción está presente en las personas envidiosas, aunque no se manifiesta a nivel de queja, sino a modo de malestar y de angustia, de ansiedad, irritabilidad e incluso de miedo. Desear y no poder conseguir tensa los músculos, y las personas se vuelven rígidas en su vida, en sus comentarios y hasta en su forma de moverse. Se calcifican y se amargan, y amargan la vida de los demás. Así que, si sientes ese pellizco, puede que debas analizarte interiormente para ver si puedes revertir el efecto de insatisfacción en satisfacción.

En este mundo en el que vivimos se nos ha puesto como bandera cumplir con unos objetivos marcados por la sociedad, y también marcados por los años. A cierta edad ya tienes que tener terminada una carrera, tienes que tener trabajo, tienes que haberte casado, tienes que haber tenido hijos…, y tenemos que conseguir nuestras metas por encima del bien y del mal, tenemos que ser competitivos, tenemos que poder con todo (con la casa, con la familia, con el trabajo) y tenemos que ser capaces de llevar una vida que, lamentablemente, no está en armonía con nuestra auténtica naturaleza. El estrés, el malestar, la queja, la insatisfacción forman parte de esa imposición, de ese desear impostado por las circunstancias que lleva ineludiblemente a envidiar tener una vida mejor, o envidiar a quien ha tomado las riendas de su vida, por ejemplo, y se siente liberado.

Hay muchas personas insatisfechas con la vida que les ha tocado llevar, insatisfechas con el mundo, con su pareja, con su trabajo, con sus hijos, con sus padres, con su situación; en definitiva, insatisfechas porque no consiguen lo que desean. Llegados a este punto, sería importante pensar en qué hacer ante estas emociones, todas ellas envueltas del veneno de la envidia para no sentirse insatisfecho, aunque eso implicaría tener que apartarse de lo superficial; derribar falsos cimientos para poder ver qué es lo verdaderamente importante para nuestro bienestar, y alejar de una vez por todas la envidia que corroe por dentro y que es el mal que nos genera tanto dolor y sufrimiento.

Puntos en los que apoyarse

- Nuestra felicidad no depende de lo externo.
- Nuestra felicidad no depende de equiparnos con el otro.
- La envidia es una carencia emocional que corroe y genera sufrimiento.
- Conseguir lo que tiene el otro nos aportará una felicidad pasajera. El envidioso sigue envidiando siempre.
- El deseo forma parte de la persona envidiosa, y la insatisfacción es su aliada.
- Es importante analizar el nivel de nuestra insatisfacción. Ver si siempre nos quejamos, si somos personas angustiadas, si estamos malhumoradas.
- Si nos reconocemos como personas insatisfechas, debemos reaccionar y cambiar los patrones de conducta que nos hacen infelices.
- Hay que intentar ser felices con lo mucho o con lo poco que hemos conseguido, ya que esa actitud nos aportará paz interior y nos alejará de la envidia.

Cómo evitar la negatividad

Es casi imposible no verse rodeado de negatividad en los tiempos que corren, porque hoy en día prima el «yo» por encima de otros valores. Así que, detrás del egoísmo, está el miedo, y este nos obliga a protegernos atrayendo hacia nosotros emociones negativas o actos de negatividad, y eso produce sufrimiento, que rompe la armonía y la paz interior. Pero, para evitar la negatividad, primero hay que reconocerla, y no es tan fácil, ya que se ha sabido camuflar perfectamente en nuestra personalidad y, cuando aparece en nuestra vida, lo hace de forma tan natural que casi parece normal. Y cuando nos percatamos de que puede asomar por alguna grieta de nuestras heridas, automáticamente nos autosaboteamos.

La negatividad nos impide descubrir nuestra verdadera naturaleza y todas las posibilidades de experimentar el bienestar. Solo cuando pasamos por momentos angustiosos en los que vemos que peligra nuestra integridad como seres humanos, peligra nuestro bienestar como sociedad, aflora el sentimiento de unicidad, el pensamiento y el sentimiento de que todos nos hacemos falta, que somos necesarios, que nos necesitamos los unos a los otros para evolucionar y sobrevivir. Es todo eso lo que nos hace salir de la inconsciencia de la separación y de la negatividad. Y esa situación hace muy poquito que la hemos podido comprobar, sobre todo durante el tiempo de confinamiento que la humanidad ha tenido que vivir. Entonces y solo entonces, hemos sido conscientes de que la verdadera naturaleza del ser humano se prodiga hacia la compasión y los buenos sentimientos que agrandan el espíritu y el alma de las personas; entonces desaparece todo vestigio de negatividad.

Cuando vemos actos de generosidad, de sacrificio, de altruismo, de entrega, es cuando se nos enternece el corazón, y la negatividad no tiene espacio en él. Y ahora te pregunto: ¿cómo te has sentido durante este tiempo de pandemia cuando has reconocido el amor incondicional de las personas?... La positividad, la fe, la esperanza, el amor, el esfuerzo por salir adelante, por superar una enfermedad y ver que, después de la tormenta, siempre hay un arcoíris que ilumina el horizonte, es lo que nos fortalece y nos aleja de la negatividad.

Y bien, para evitar contaminarse de negatividad, porque también es altamente contagiosa, hay que reconocer las vías por las que opera para poder estar prevenidos y atajar ese mal que nos aleja de nuestra auténtica naturaleza. Así que te invito a que te conviertas en observador de tu negatividad y que veas ese lado que no queremos admitir y que silenciosamente va tomando el terreno de nuestra vida, hasta que quizá es demasiado tarde y quedamos atrapados en lo negativo, en la agresión hacia uno mismo, en la sombra.

Observa cómo opera la negatividad.

Puntos en los que apoyarse

- La insatisfacción del ser humano es una de esas vías que ha llevado hacia el camino de la negatividad y la angustia, el descontento o la infelicidad. Sencillamente son manifestaciones que están a flor de piel y son fácilmente reconocibles.
- No juzgar, no criticar, no condenar es fundamental para erradicar la negatividad de nuestra vida, porque se alimenta la ira y la envidia.
- Aleja de ti las suposiciones, porque la mente se va hacia los pensamientos negativos. No supongas, ya que toda idea insidiosa se vuelve nociva, y, por consi-

guiente, somos incapaces de generar pensamientos agradables que nos aporten paz interior y seguridad en uno mismo o en la vida.
- Recuerda que estar a la defensiva siempre nos va a producir tensión, y esta endurecerá nuestro carácter.
- No saber alejarte de personas negativas hace que soportes una carga extra que pasa factura.
- Deja de ver noticias catastrofistas hasta que tu nivel de consciencia pueda revertir tus emociones en flujos de paz.
- Sal de la queja, del victimismo, porque eso multiplica la infelicidad. Intenta buscar consuelo sin perder las esperanzas.

¿Verdad que no nos gusta estar rodeados de personas negativas?

Pues ahora que ya empiezas a identificar esas actitudes negativas o tóxicas que pueden producir incluso mal de ojo, transfórmalas.

- Rodéate de personas positivas. Personas que sueñen en voz alta.
- Haz cosas que te alegren, que te hagan disfrutar, aunque sea cinco minutos al día.
- Intenta ver las cosas positivas de la vida, porque todo tiene un porqué. Y si aprendes a descubrirlo, verás que todo son oportunidades que nos da la vida para tomar nuevos caminos, para cambiar, para renovarse, para aprender.
- Piensa en positivo, cada pensamiento positivo genera nuevos pensamientos que los retroalimentan.
- Alégrate por los éxitos de los demás y, aunque sea un reto de los más difíciles, haz el intento desde la

comprensión, aunque tú estés pasando por momentos duros o difíciles en la vida.
- Aprende a perdonar y a perdonarte.
- Recuerda que tú eres el que dirige tus pensamientos hacia la plenitud o hacia la desesperación. Tú eres el arquitecto de tu mente.
- Si algo no puedes cambiarlo, déjalo... Aprende a ser más asertivo.

Ponerse en la piel del otro

Muchas veces tendríamos que hacer el ejercicio de ponernos en la piel del otro antes de..., tantas y tantas cosas...

Pero, fijaos, todavía mi lado más sensible me lleva a seguir sorprendiéndome con ciertas actitudes de personas que actúan sin consciencia, ya no sin pensar, como dirían ellas, sino sin sentir, y eso me duele a nivel del alma.

Cuántos humanos hay todavía enredados en sí mismos, prisioneros de sus debilidades, deseos, ego y cerrazón, que creen que tienen derecho a engañar a los demás, a tratarlos con frialdad, con egoísmo, movidos por los celos y la envidia, para satisfacer sus ambiciones o para sentirse superiores a... Y añado más: para sentirse más vacíos.

Pero claro, es imposible ponerse en el lugar del otro sin haber derribado la barrera de tu propio egoísmo, sin haber vislumbrado la amarga vivencia que supone darse cuenta de las secuelas que has ido dejando a tu paso con tu comportamiento, actitudes, palabras y demás...

Y el aprendizaje es así, el aprendizaje siempre está dentro de uno; así que el dolor, de alguna forma, tiene que punzar a tu corazón para que de este modo temples tu carácter y purifiques tus pensamientos. Únicamente de este modo se convertirá en aprendizaje y en sabia experiencia. Y cuando por ti mismo entiendas y reconozcas tus defectos y tus debilidades, tu alma no sentirá ya arrebato o menosprecio algunos, y podrás verdaderamente ponerte en la piel del otro, pudiendo manifestar toda tu grandeza espiritual.

Ama y respeta a tu hermano como un ser sagrado que es, al igual que lo eres tú.

Si percibiéramos al otro desde la sacralidad y desde el respeto, habríamos hecho ya un trabajo de transmutación, que para mí es de vital importancia y que significa no causar dolor a forma alguna, pensamiento o sentimiento. Porque, desde cada uno de nuestros pensamientos, actos o sentimientos, se construye nuestro devenir. Y porque tu hermano está en ti, y tú en él, y todos formamos parte de la consciencia infinita y eterna de la unicidad.

Pongámonos en su piel, o en sus zapatos, o en sus ojos, o, mejor aún, en su corazón, antes de menospreciar o intoxicarnos con pensamientos poco apropiados.

Ponerse en la piel del otro es ver a través de sus ojos, ver lo que siente y cómo lo siente. Porque todos necesitamos ser entendidos y ser escuchados.

Puntos en los que apoyarse

- No invadas a ninguna persona a nivel emocional con densidad, con juicio, con reproches, con dominación o arrogancia.
- No castigues con la indiferencia para lastimar, porque te lastimas a ti mismo.
- Ponerse en la piel del otro no significa que cargues con su dolor, pero tampoco que hagas más grande su herida.

- Ponerse en la piel del otro es entender cómo se siente sin entrar en nada más.
- Haz el ejercicio de escuchar, te sentará incluso bien.
- Refleja esa empatía con frases como: «Lo entiendo», «Lo lamento», «Siento lo que te sucede», «Intento ponerme en tu piel», etc.

Desaliento

Cuenta la historia que un día el diablo decidió retirarse de su actividad y vender sus herramientas al mejor postor. Cuando llegó la noche de la venta, tenía preparado todo su material que, por cierto, era un lote siniestro: ODIO, CELOS, ENVIDIA, MALICIA, ENGAÑO..., y todo lo malo que puedas imaginar.

De entre todas las herramientas había una muy gastada, como si hubiese sido usada muchísimas veces. Sin embargo, era más cara que el resto de las herramientas. Alguien le preguntó al diablo cuál era esa herramienta tan cara. «DESALIENTO» fue la respuesta.

—¿Por qué su precio es tan alto? —siguió preguntando.

—Porque esa herramienta —respondió el diablo— es la más útil de todas, con ella puedo entrar en la conciencia de las personas y una vez dentro, por medio del desaliento, puedo hacer de esa persona lo que se me antoje.

Así que cuidado con el desaliento, y, si te invade, que sea por unos pequeños instantes. Tienes que mantenerte siempre alerta, pues el desaliento es el estado de ánimo con más baja vibración y puede llevarte al mismo abismo personal.

Que una caída emocional, una situación económica difícil, laboral, personal, familiar o de salud... Que un engaño, una traición o un desamor no nos anclen al estado más denso, el desaliento. Porque el desaliento resta savia, absorbe el hálito de vida, y nos será muy difícil volver a encontrar el dinamismo y la pasión por las cosas de la vida. Podemos pensar que nos han echado mal de ojo, porque el desaliento intenta buscar fuera el culpable, pero en realidad nos enfrentamos a un verdugo, que somos nosotros mismos, al no poder superar una situación.

Entiende que el desaliento del guerrero es fugaz, pasa por él, lo reta y lo vence, porque cuenta con una poderosa arma, el amor y su fortaleza interior (entusiasmo), un don del cielo, la divinidad en mí, *en-theós*. Sabe que no está solo, que tiene muchos aliados y dones a los que agarrarse.

No podemos darnos el lujo de dejar que la llama dentro de nuestro corazón se extinga por el desaliento.

Puntos en los que apoyarse

- Piensa en positivo, no hay mal que cien años dure, eso dice el refranero español, que es muy sabio.
- Piensa en lo que tienes, en tu familia. En los abrazos, en las sonrisas. Esos pensamientos te fortalecerán.
- Suéñate de nuevo.
- Comienza a visualizar el mundo que deseas.
- Sé firme en tu decisión de amarte.
- No seas intolerante contigo mismo, ni demasiado exigente.

Los cambios en nuestra actitud

Un sabio dijo: «La gente notará los cambios en nuestra actitud hacia ellos, pero nunca notarán el comportamiento suyo que nos hizo cambiar».

¿Cómo tomarse esta frase? ¿Y por qué, a qué es debido que cambiemos nuestro comportamiento con los demás?

Puede que sea por autoprotegerte, puede que sea por autoestima, puede que sea por rencor, porque ya no puedes más, porque ante todo necesitas ser tú mismo, porque ya no toleras más... Lo que está claro es que todo cambio viene por alguna razón que nos hace saltar nuestros resortes y que provoca una metamorfosis y renovación que no siempre es bien vista.

Como es lógico, nuestra actitud en un momento determinado puede cambiarlo todo; primero, ante nosotros mismos, y luego, en cuanto a las relaciones con los demás. Por lo tanto, todo proceder influye fuertemente en el comportamiento de los seres humanos.

Y es que cualquier impacto emocional que nos llegue al alma tiene la capacidad de modificar nuestra conducta y, lo que es más significativo, modificar el sentimiento.

Creo que la mayoría de nosotros en ocasiones hemos aguantado, como se suele decir, «carros y carretas», comportamientos de otros que nos molestan o nos crispan, pero a veces es importante que sepan lo que nos incomoda. Hay que tener en cuenta que los demás, muchas veces, no son conscientes de que han traspasado el límite de lo que tú consideras «tener un mínimo de respeto».

Comunicar nuestro disgusto no siempre es fácil, ya que, si el ego de la otra persona es fuerte, o si nosotros no somos capaces de expresarnos de forma adecuada, pueden reaccionar a la defensiva y en ocasiones hasta agresivamente; de hecho, cabe la posibilidad de que se rompa una amistad. Así que muchas veces decidimos cambiar nuestra actitud para con esa o esas personas y nos mostramos distantes, poco receptivos o con indiferencia, o nos ponemos una máscara para no manifestar lo que verdaderamente sentimos, y entonces es cuando dicen: «Es que ha cambiado mucho», «No parece la misma persona», «Ha cambiado conmigo, no sé qué le habré hecho».

Pero soportar toda esa carga emocional retenida, sin duda alguna, conlleva la aparición de nudos energéticos que con el tiempo se enquistan en nuestra personalidad y en nuestra forma de ser con el perjuicio que eso conlleva.

El cambiar nuestra actitud ante ciertas personas requerirá de una toma de consciencia, porque toda acción siempre tiene una reacción, y se debe estar preparado para ello, menos si la repercusión es positiva, pero más aún si es negativa.

Puntos en los que apoyarse

Piensa en las respuestas que darías a estas preguntas.

- ¿Qué ocurriría si decidieras no decir nada, no entrar en conflicto o no expresar lo que sientes?
- ¿Qué sucedería si decides decir algo, decir lo que sientes?

Hay que identificar qué actitud del otro nos molesta, cómo nos sentimos, y pensar en la forma más adecuada de decirlo.

Hay que tener en cuenta que no expresamos lo que nos molesta para criticar o culpabilizar al otro, sino para informarle de lo que nos desagrada y tratar de cambiar la situación antes de que se convierta en un conflicto.

- No se trata de que nos complazcan, sino de que nos comprendan.

- Hay que tener en cuenta que hay momentos más oportunos que otros para expresar nuestros sentimientos.
- Recuerda que siempre habrá algún beneficio emocional en pedir un cambio de conducta de la forma adecuada.
- Expresar que te estás sintiendo incómodo ante el comportamiento del otro siempre te ayudará. Lo que a su vez te impedirá que te acabes sintiendo frustrado.
- Informas a la otra persona de lo que te molesta; por lo tanto, le das la oportunidad de cambiarlo.
- Lo haces de forma respetuosa y diplomática, con lo que cambiará más fácilmente que si se lo dices enfadado, y a ti lo que te interesa es que modere esa actitud contigo, no que se enfade.

Pero, si todo esto no es posible, enfócate en tu crecimiento interior y comprende el porqué de las cosas.

Esperar el cambio de otra persona no solo es imposible, sino poco realista, porque tú no tienes el poder para controlar las acciones y los deseos de los demás, solo puedes controlar los tuyos.

Cambia tu enfoque y acepta lo que has vivido, lo que estás viviendo. Toda situación difícil te está ayudando a crecer y a ser la persona que eres.

Comienza a quererte

¿Qué es quererse? ¿Quererse es ser egoísta? Si me quiero, ¿le estoy fallando a alguien? Y además, si digo que me quiero, la gente puede pensar que soy o poseo una actitudególatra.

Estas son las típicas preguntas y reflexiones que uno se puede hacer cuando vive únicamente de las percepciones externas. Pero la pregunta correcta sería: ¿qué necesito para estar bien?

Una de las distorsiones de lo externo es que asociamos el egoísmo con la carga negativa. Y si tú declaras que te quieres, que quieres lo mejor para ti, automáticamente quien te está escuchando tiende a pensar que poco piensas en los demás y que únicamente te importas tú. Pero, como decía Aristóteles, «preocuparse por uno mismo, lejos de ser malo, es necesario». Y ¿por qué necesario? Porque, para darte a los demás, debes tener un equilibrio interior, y eso comienza por ti mismo, para que seas reflejo de lo que sientes y del amor que tienes. Pero nos autoboicoteamos al juzgarnos con rudeza ante este pensamiento, «quererse», y volvemos a caer en el autoengaño y en el típico patrón de que quererse es egoísta.

Puntos en los que apoyarse

- «Necesito amor y aprobación de cuantos me rodean», piensas. Cuando lo único que necesitas es saberte amado por ti. Esta es una de las razones de nuestro malestar.
- Una percepción positiva del resto de las personas indica una satisfacción con nuestra propia vida. Pero lo mejor de todo, y piensa bien esto que te digo, es que tenemos el poder de elegir con qué queremos quedarnos, así como de construir las creencias que van a dominar nuestro día a día.
- Comienza por no sentir lástima de ti mismo y por no culpar al universo y a los demás por las cosas adversas que te suceden.

- Avanza y fortalece tu autoestima con actividades que te agraden. Y QUIÉRETE en mayúsculas. Ese es el primer pasito hacia el «estar bien».
- Podemos cambiar la percepción de la vida cambiando nuestra forma de pensar.
- Los pensamientos positivos conducen a la buena salud.
- Agradece cada día. Bendice cada día.

Se me olvidó contarte una cosita… Atiéndeme.

Quizá tengas dudas, pero no. No debes tenerlas. ¿Sabes que tienes un poder más grande de lo que imaginas? Y te preguntarás de qué hablo. Pues bien, hoy quiero recordarte algo importante que puede que hayas olvidado porque tanto trajín, tantos problemas con los que lidiar, tanta desilusión tal vez hayan hecho que perdieras de vista esto.

Nuestro poder «lo es todo», es tan único como tú. De él depende que nosotros podamos salir victoriosos, que podamos aprender de nuestros errores, que sintamos la fuerza para superarlo todo, pero a veces nos olvidamos del poder del que estamos hechos, dejamos de lado esa fuerza, la cedemos, la hacemos mil pedazos y también la menospreciamos. El poder del que te hablo es puro, es mágico, tanto que es capaz de iluminar como un faro con su luz la noche más profunda. Yo misma he ahogado ese poder en alguna que otra ocasión, me he roto por dentro y me he desesperado. Por eso puedo hablarte de este tema, porque tengo conocimiento de causa.

Mira dentro de ti, no busques teorías, no busques respuestas, solo mira dentro de ti y respira, respírate. Sé que, en ese silencio, en ese respirar hacia dentro, puede haber desorden, caos, llanto, pero no temas a esa sensación, te aseguro que, si sigues adelante, al final conseguirás quitar muchas capas de piel muerta y podrás rescatarte a ti mismo de las tristezas, de las ansiedades, porque eres la luz que brilla en la inmensidad de tu mundo.

Tú tienes un inmenso poder, que es la «toma de conciencia» que te empuja a sentir, a tratar con el miedo enraizado y a sanar. Cree en ti y, aunque desfallezcas por momentos y creas que no vas a poder más, no desistas, pues tras la maleza está la luz.

Quizá sea una de las cosas más difíciles de lograr, pero debes llegar al cofre de tu corazón. Ves, ya te he desvelado dónde se encuentra el poder; ahora, cuando llegues allí, te encontrarás con esa oleada de luz, tómala sin esfuerzo, con alegría, con agradecimiento. Siente la abundancia y el amor, y cómo se expresa a través de tu ser. Ahora ya sabes de lo que te hablo, ahora haz las cosas desde el corazón, mira desde el corazón, proyecta tu vida desde el influjo de tu corazón, vive de acuerdo a él, y tu energía se avivará por momentos. Confía en ti mismo y en tu poder, recuerda de qué estamos hechos, tu corazón te lo contó en ese encuentro que tuvisteis de recogimiento interior.

- Vive el presente. Te evitará sufrimientos y pensamientos negativos.
- No todo lo que te ocurre es culpa del otro.
- Agradece y bendice, dicen que agradecer allana los caminos y bendecir los ilumina.

EPÍLOGO

Confío en que este libro te haya aportado lo que necesitas, pero también confío en que te haya generado paz interior.

Yo he disfrutado mucho recopilando datos y transcribiendo todos los testimonios de las personas que confiaron en mí para contarme sus experiencias, y por eso merecen todo mi respeto y admiración.

El trabajo de investigación siempre ha alimentado mi alma, y como llevada por el destino se iban hilando las informaciones que encajaban como por arte de magia. Siempre que me he puesto a escribir, me ha sucedido algo similar que roza lo extraordinario y que no deja de asombrarme. Cada vez que intentaba dilucidar algún aspecto engorroso sobre el mal de ojo, aparecía la persona correcta que con su comentario me lo aclaraba o me reconducía en el tema hacia otro punto de vista.

Hablar del mal de ojo es un tema espinoso y, para mí, de mucha responsabilidad. Tenía mis dudas, porque adentrarme en su estudio no ha sido nada fácil, pero, como me gustan los retos y además me rondaba en la cabeza el escribir este libro desde hace mucho tiempo, pues me impliqué con todas las consecuencias desde el rigor y la sensatez.

No me gustaría dar por concluida esta obra sin decirte que solo tú sabes lo que sientes y cómo lo sientes, y lo que palpita en tu corazón es la evidencia de tu certeza. Puedes creer o no en el mal de ojo, pero ahí queda la información. En ocasiones deberíamos olvidarnos de los prejuicios y liberar nuestra mente, simplemente para ser más felices y no caer en el veneno de la envidia, detonante de muchos males del mundo.

Permítete sentir la fuerza interior que nos habla, que nos hace únicos y que nos hace salir de los infortunios de la vida.

Gracias por haber leído este libro, *Guía definitiva del mal de ojo*. Y mira, mira y observa el mundo con tus ojos del alma para así poder comprender mejor tu viaje.

Y termino este libro con una frase de Hipócrates que dice lo siguiente: «Las fuerzas naturales que se encuentran dentro de nosotros son las que verdaderamente curan nuestras enfermedades».

Agradecimientos

Cuando pienso en todas las personas que están a mi lado o han ido apareciendo en mi vida me emociono, porque quién me iba a decir a mí que todas ellas me aportarían tanto. Son verdaderos maestros de vida y me han influido de forma muy especial. Seguro que he cometido errores con ellos, seguro que sí, porque una no es perfecta, pero espero que me los sepan perdonar.

Investigando sobre el mal de ojo, tema del que va el libro que tienes entre las manos, me he sentido especialmente sensible, he recordado mucho mi infancia, pues en mi pasado y en mi familia he vivido de cerca con personas que han quitado el mal de ojo, incluso yo misma tengo ese don, si se puede llamar así. Por eso, por mis experiencias, he querido profundizar en él, y hasta ponerlo en duda. ¡Oh, sí! Que no te sorprenda.

He tenido muchas indecisiones a la hora de ponerme a escribirlo porque soy muy exigente y respeto mucho este asunto, y además he tenido que lidiar con unas fuerzas que, por decirlo finamente, me impedían seguir con la investigación y escritura del mismo desde la sensatez, el rigor y sin mentirme a mí misma. He tenido que aparcarlo durante largos meses, ya que, cada vez que me ponía a escribir sobre el tema, sucedía algo «extraordinario», y bien lo sabe Begoña Doménech, que me ha dado siempre buenos consejos y a la que considero mi amiga, además de ser compañera redactora del programa de radio que dirijo en Radio Alcoy Cadena Ser, *El mundo de las trece lunas*, en el que los micrófonos cobran vida para tratar temas como este. Y bueno, me puse las pilas y, salvando cantidad de obstáculos que parecía que salían a mi encuentro, conseguí darle forma y terminarlo justo durante el confinamiento de este año 2020. Y aquí está, y aquí os lo presento: *Guía definitiva del mal de ojo*.

Para mí, es un libro realizado con mucho cariño, desde la integridad, con luces y sombras, con muchos ingredientes que le dan forma. Ahora bien, no pretendo convencer a nadie de nada, simplemente aquí está el trabajo de varios años que aborda un gran enigma, el mal de ojo.

Gracias a mi editora, gracias al amigo Manuel Fernández Muñoz, a Jorge Bosch, gracias a las personas que he entrevistado, a todas las que me han hablado de sus experiencias, a las personas incrédulas también. Gracias al guía que me acompañó en Egipto durante las Navidades de 2019, Jacobo, una persona excepcional y muy sabia que me estuvo hablando del simbolismo de Egipto y de la figura del mal. De su mano recopilé muchísima información que tenía olvidada y que, gracias a su pasión y entusiasmo, hizo que reviviera en mí las ganas de seguir investigando sobre un país lleno de magia, las tierras de Kemet.

Gracias a mi círculo más cercano y también a todas las personas que me iré encontrando por el camino.

Y mil gracias a todo mi linaje femenino, portadoras de una sabiduría ancestral de la que me siento muy orgullosa.